Giclée

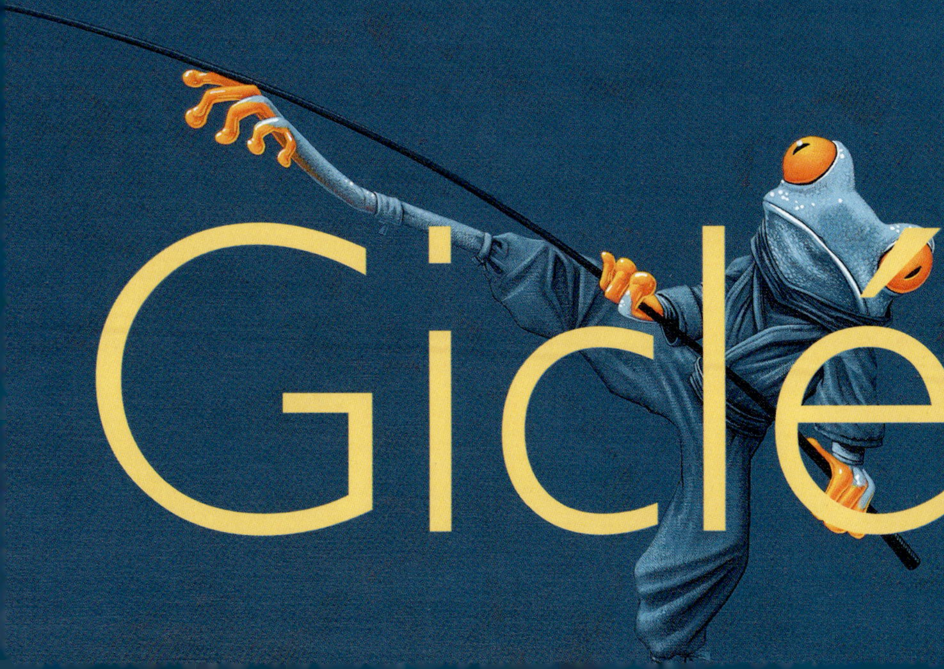

Giclée Limited Editions 6

The final improvement

When I was growing up, there were a couple of reproductions of drawings by Jan Toorop hanging on the walls of our family home. These were the only works of art in the house, and lay at the basis of my first steps into the art world.
As far as I am concerned, the gicleé technique is the ultimate step forward. Surely it doesn't get any better than this.! The "final improvement"!

De laatste verbetering

Bij ons thuis hingen een paar reproducties van tekeningen van Jan Toorop aan de wand. Dat waren de enige 'kunstwerken' in huis. Ze hoorden bij mijn eerste voetstappen in de kunst.
De techniek van de gicleé is, wat mij betreft, de laatste verbetering. Volmaakter kan het niet?!

Die ultimative Vollendung

Bei uns zu Hause hingen einige Reproduktionen und Zeichnungen von Jan Toorop an der Wand. Dies waren die einzigen Kunstgegenstände die im Haus zu finden waren. Sie waren meine ersten Berührungspunkte mit der Kunstwelt. Was mich betrifft, ist die Giclée Technik der letzte Schritt, die ultimative Vollendung. Besser geht es nicht!

Jan van Loon
Artist and professor in painting

The influence of the biscuit tin

Reproduction, in its many forms, has always been of great importance for the popularisation of art. Everyone knows Rembrandt's Nightwatch, if only because it has adorned the outside of numerous biscuit tins.

De kracht van het koekblik

Voor de popularisering van kunst is de reproductie, in welke vorm dan ook, heel belangrijk geweest. Wie kent nou niet de Nachtwacht van Rembrandt, omdat deze op een koekblik stond afgebeeld?

Die Wirkung der Kuchendose

Für die Popularisierung von Kunst ist die Reproduktion, in welcher Form auch immer, stets sehr wichtig gewesen. Wer kennt nicht die Nachtwache von Rembrandt, weil dieses Bild auf Kuchendosen abgebildet wurde?

Drs. Michel van Maarseveen
former Director, Drents Museum Assen
Director, Museum paleis het Loo Apeldoorn

The 2nd Great Leap Forwards

Art reproductions have always been very popular. In the time of the Old Masters, handmade engravings were often produced to represent works by great artists. These were later superseded by Planographic Offset. This was the "First Great Leap Forwards".
The "Second Great Leap Forwards" has now been taken. The new process is called Giclée.

The Art Revisited Giclée

In my view, the Giclée cannot be compared to the humble and now outdated poster. A Giclée reintroduces light into a painting. The Art Revisited Giclée is simply the most beautiful reproduction technique ever!

A personal Louvre for all

Perhaps we are not yet fully aware of the emancipationist character of the Giclée. After all, it allows a large group of people the luxury of amassing an affordable Private Collection of the highest graphical quality. A personal Louvre for all.

De 2e Grote Sprong Voorwaarts

Reproducties van kunstwerken zijn altijd populair geweest. In de tijd van de oude meesters behielp men zich met handgemaakte gravures. Later ontstond vlakdruk offset. Het was de Eerste Grote Sprong Voorwaarts.
De Tweede Grote Sprong Voorwaarts. Die is nu genomen. Het wordt Giclée genoemd.

De Art Revisited Giclée

In mijn optiek heeft de Giclée niets meer met de aloude en overleden poster te maken. Met een giclée is het mogelijk het licht in een schilderij weer toe te laten. De Art Revisited Giclée is de mooiste reproductietechniek aller tijden!

Iedereen zijn eigen Louvre

Misschien beseffen we nog te weinig het emancipatorische karakter van de Giclée. Deze stelt immers thans een groot publiek in staat om een betaalbare Particuliere Collectie aan te leggen van zijn of haar meest geliefde kunstenaars op het allerhoogste grafische niveau. Iedereen zijn eigen Louvre.

Der 2. große Fortschritt

Kunstreproduktionen waren schon immer sehr beliebt. Zur Zeit der alten Meister wurden handgemachten Gravuren verwendet, später entstand das Flachdruckverfahren. Dies war der erste große Fortschritt. Der zweite große Schritt wurde nun gemacht. Dieser neue Prozess wird Giclée genannt.

Das Art Revisited Giclée

Aus meiner Sicht hat das Giclée nichts mehr mit dem guten alten Poster zu tun; dessen Zeit ist vorbei. Mit einem Giclée ist es möglich, das Licht in einem Gemälde wieder zu zu lassen. Das Art Revisited Giclée ist die schönste Reproduktionstechnik aller Zeiten!

Jedem seinen eigenen Louvre

Vielleicht erkennen wir den emanzipatorischen Charakter des Giclées noch viel zu wenig. Immerhin versetzt es derzeit ein großes Publikum in die Lage, eine bezahlbare Privatsammlung des jeweiligen Lieblingskünstlers auf allerhöchstem grafischen Niveau an zu legen. Jedem seinen eigenen Louvre.

Diederik Kraaijpoel
Artist, writer and professor in painting

Ron de Hoog
Picture framer, Maassluis

Rob Møhlmann
Artist en Director Museum Møhlmann, Appingedam

Dinie Boogaart, 1963

Colour, light and chiaroscuro: these are the vital elements that make up the work of Dinie Boogaart. The paintbrush moves like a dancer, effortlessly and gracefully creating each shade and nuance, driven by a vital and energetic inner force. Boogaart's themes are classical - the portrait, the nude, the landscape and the still life.

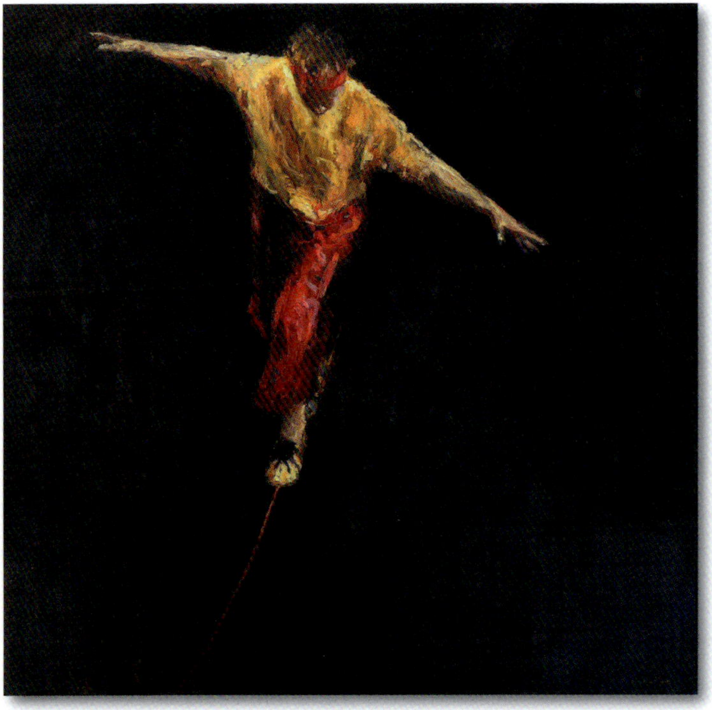

Thightrope Walker

50917 .../50 - Fine Art Paper 50x50 cm

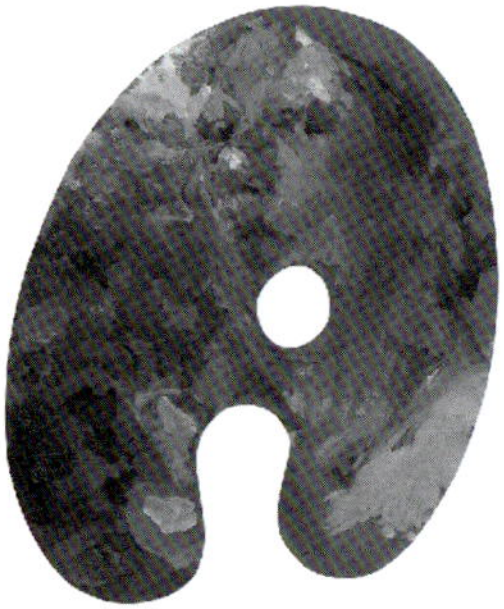

Kleur, licht en clair-obscur zijn de belangrijkste beeldelementen in het werk van Dinie Boogaart. Het penseel moet zich gedragen als een danser, blindelings de juiste toetsen en vlakken neerzetten gedreven door een innerlijke vitale, uitbundige kracht.

Farbe, Licht und Chiaroscuro sind die wichtigsten Bildelemente in den Arbeiten von Dinie Boogaart. Der Pinsel bewegt sich wie ein Tänzer; mühelos und anmutig die richtigen Schatten und Nuancen schaffend, angetrieben durch eine innere vitale und überschwängliche Kraft.

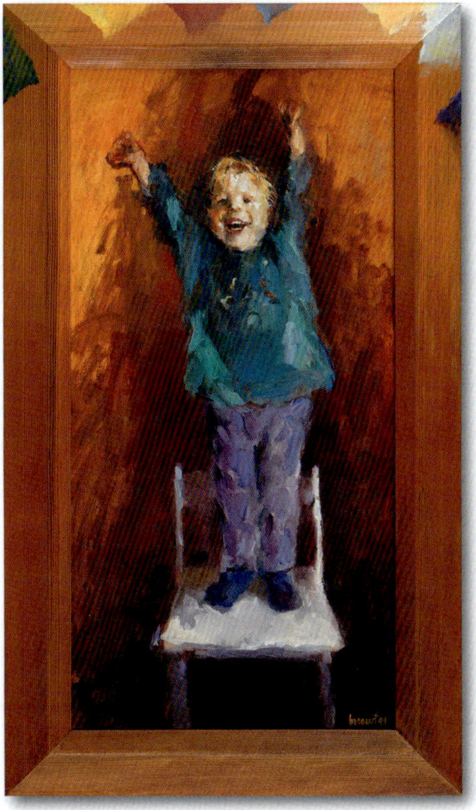

Hurray

50757 ../60 Fine Art Paper of Canvas 70x40 cm

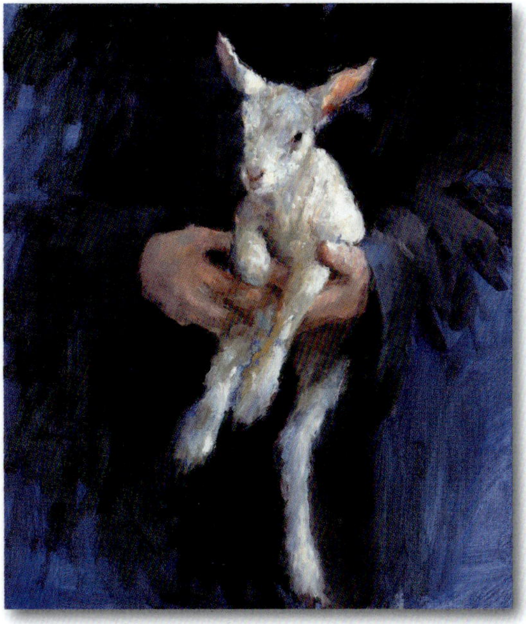

The Lamb

50853 ../30 Fine Art Paper 60x50 cm

Dinie Boogaart

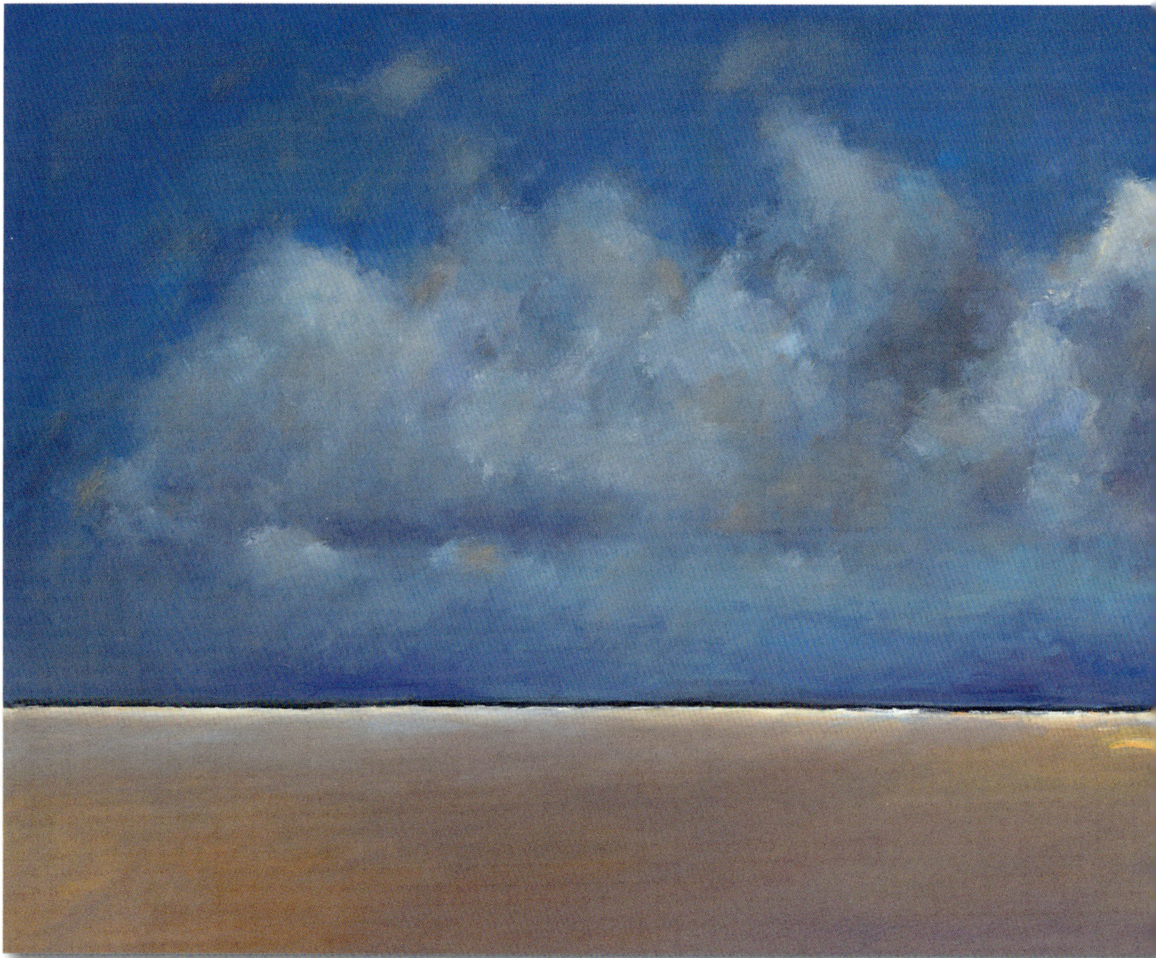

Beach near beachmark 7

50880 .../50 - Canvas 60x150 cm

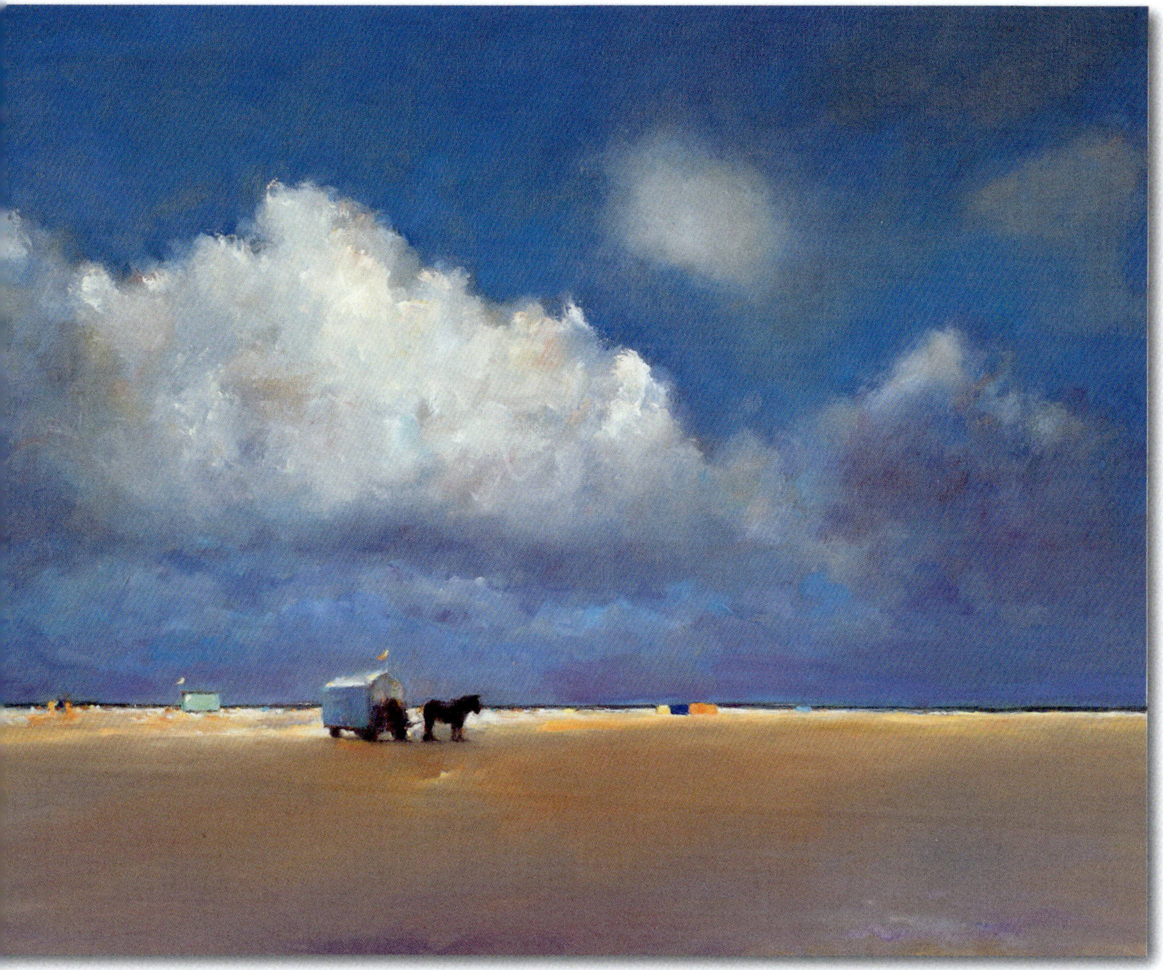

Dorus Brekelmans, 1972

His paintings are figurative; reality is the basis of his work. But in style he is not so much a realist as an impressionist.
When working he alternates between the use of acrylic or oil paint, and between canvas or panel. Recurring themes are women, dance, children, animals, sports, and portraits.

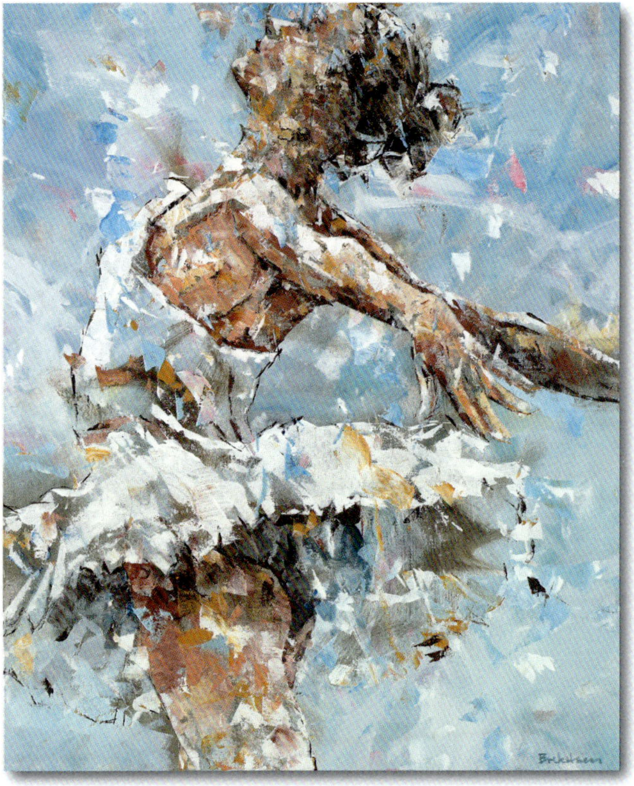

Ballerina in Blue

51029 .../ - Canvas 100x80 cm

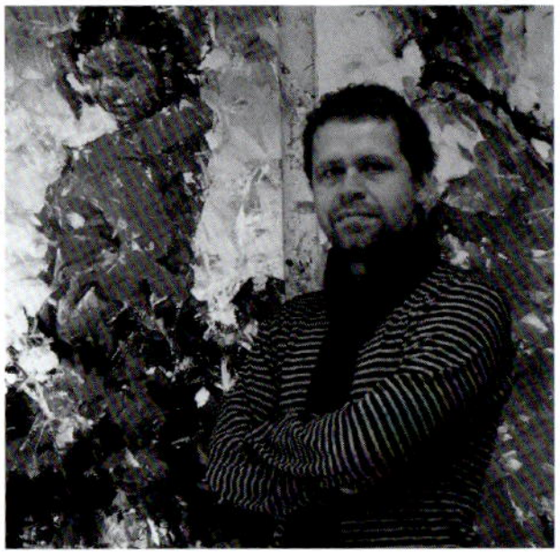

Zijn schilderijen zijn figuratief, vaak is realisme de basis van zijn doeken. Toch is Brekelmans niet zozeer een realist maar eerder een impressionist te noemen. De kunstenaar werkt afwisselend in acrylverf of olieverf op doek of paneel. Terugkerende thema's zijn vrouwen, dans, kinderen, dieren, sport, en portret.

Seine Malereien sind figurativ, oft ist der Realismus die Grundlage seiner Arbeiten. Dennoch ist Brekelmans nicht so sehr ein Realist sondern vielmehr ein Impressionist. Der Künstler arbeitet abwechselnd mit Acrylfarbe oder Ölfarbe auf Leinwand oder Tafel. Wiederkehrende Themen sind Frauen, Tanz, Kinder, Tiere, Sport und Porträts.

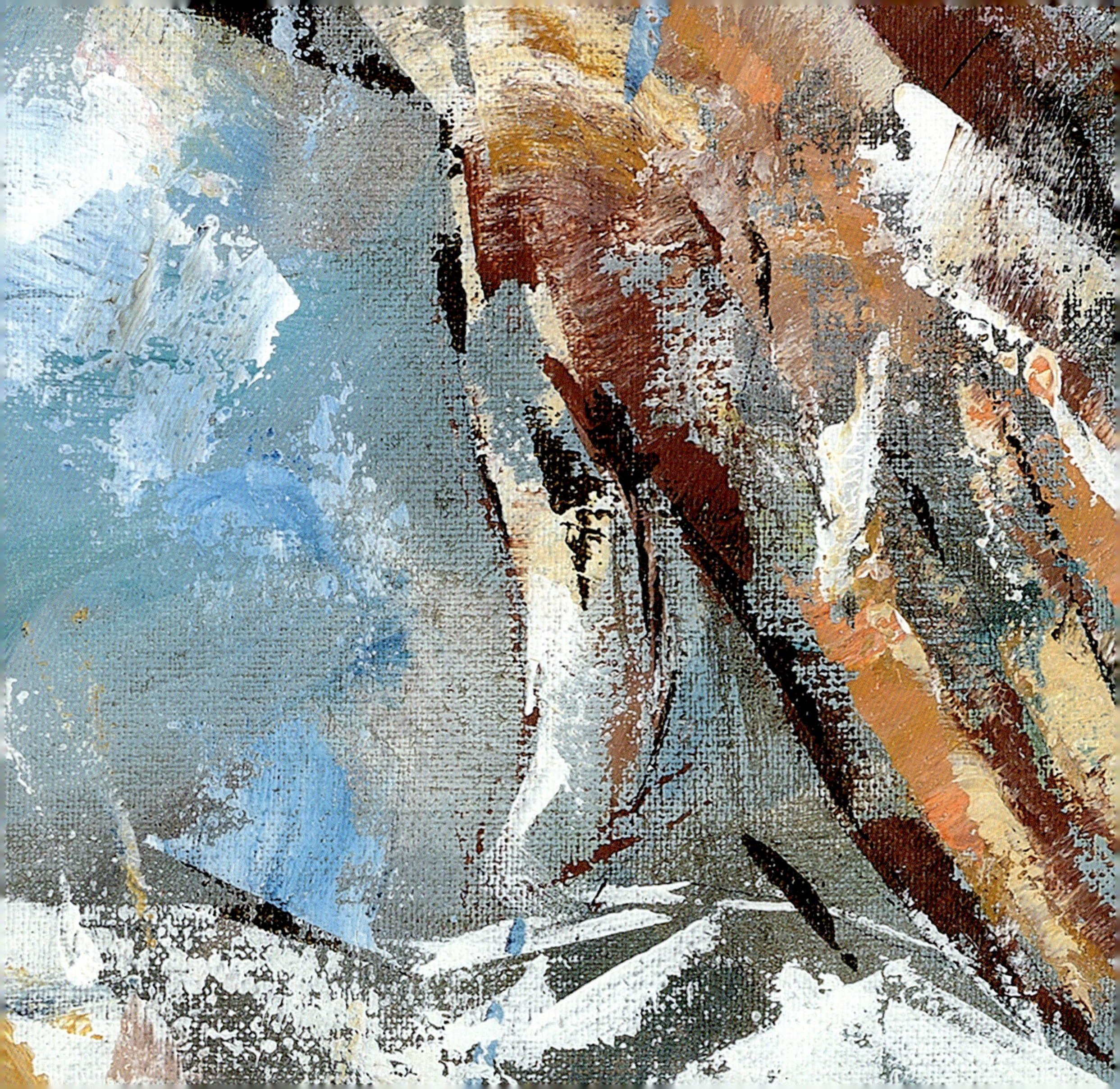

Walter Brems, 1947

Brems his paintings are a repeated and renewed moment of depth and amazing virtuosity which do not exclude sensitivity but accentuate it, a sort of speech that is clear and yet full of mystery.

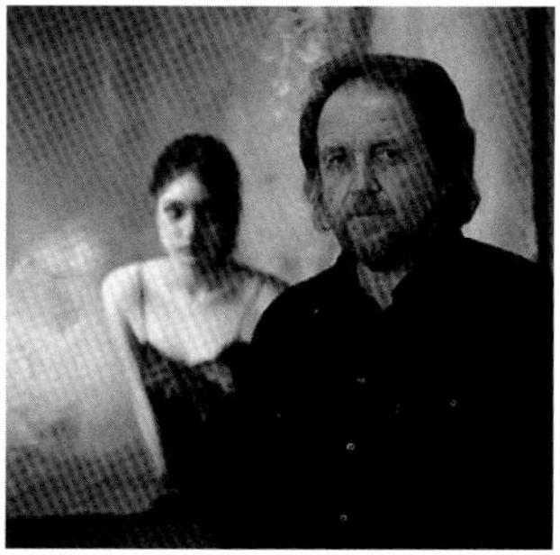

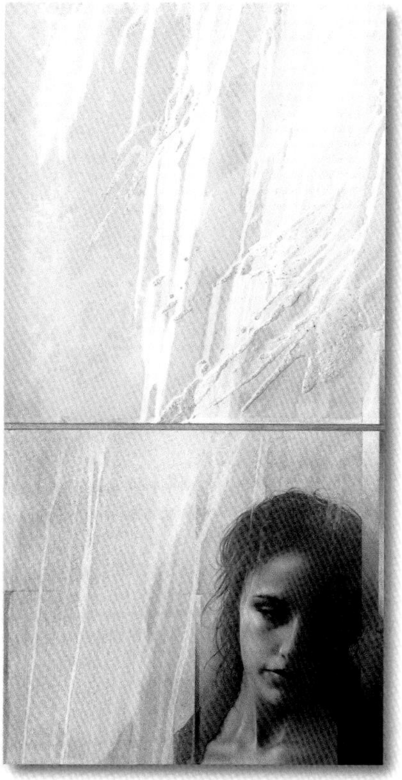

Leila

51030 .../70 - Canvas 80x40 cm

De schilderijen van Walter Brems zijn een steeds herhaald en vernieuwd monument van diepzinnigheid, van verbazingwekkende virtuositeit die sensibiliteit niet uitsluit maar eerder opdrijft, van zegging die duidelijk is en toch met mysterie geladen.

Die Gemälde von Walter Brems sind voller Tiefsinnigkeit, voller erstaunlicher Virtuosität die Sensibiliät nicht ausschließt sondern vielmehr hervorruft, voller Aussagekraft und doch geheimnissvoll.

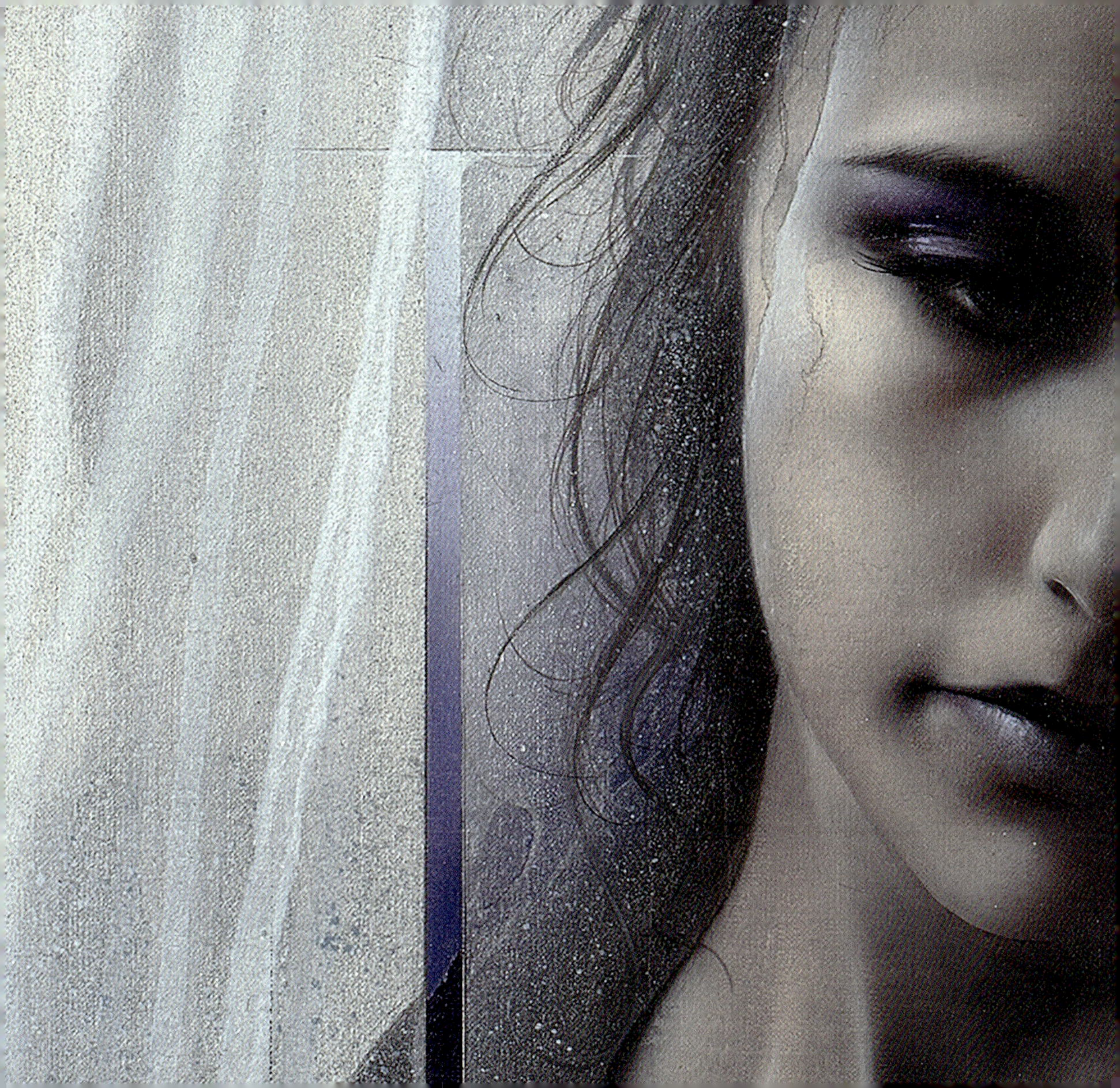

Ellen Davidzon, 1971

Her childhood in the green village of Blaricum and many family holidays on the Dutch island of Vlieland have been strong influences in the subject choice of the Amsterdam artist Ellen Davidzon. Her style is free, her palette is fresh. The artist perfectly captures the atmosphere of a summer's day at the sea.

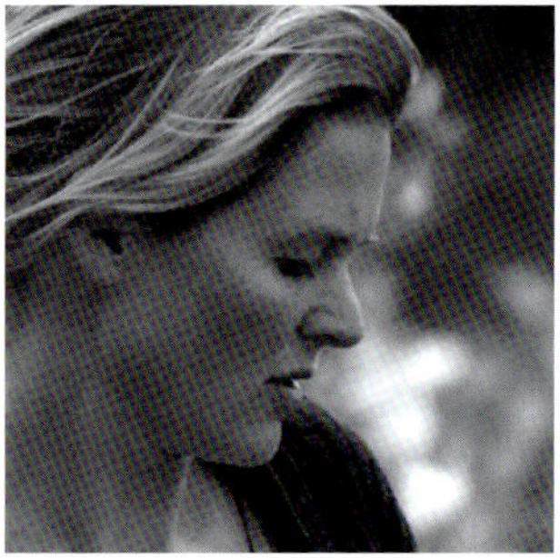

Opgegroeid in het groene Blaricum en vele familievakanties op Vlieland zijn van grote invloed op de onderwerpkeuze van de Amsterdamse Schilder Ellen Davidzon. Haar stijl is los en haar palet fris. In haar werk vangt Ellen Davidzon feilloos het gevoel van een zomerdag aan zee.

Ihre Kindheit, die sie im grünen Blaricum verbrachte und viele Familienurlaube auf der niederländischen Insel Vlieland haben großen Einfluss auf die Themenwahl der Amsterdamer Künstlerin Ellen Davidzon. Ihr Stil ist frei, ihre Farbpalette frisch. Sie versteht es ohne Zweifel das Gefühl eines Sommertages am Meer in ihren Kunstwerken einzufangen.

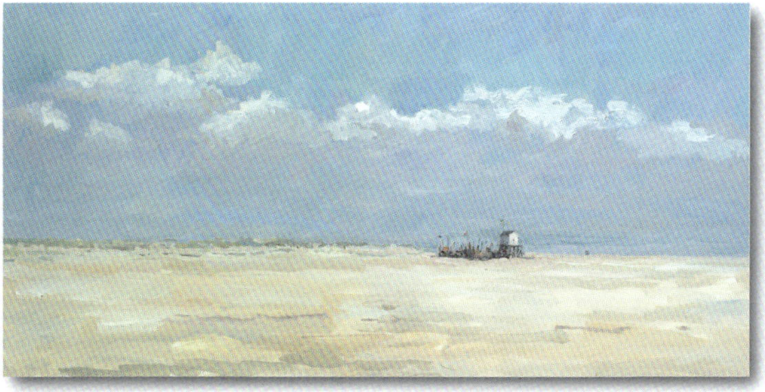

Summer on the isle of Vlieland

50968 .../25 - Canvas 60x120 cm

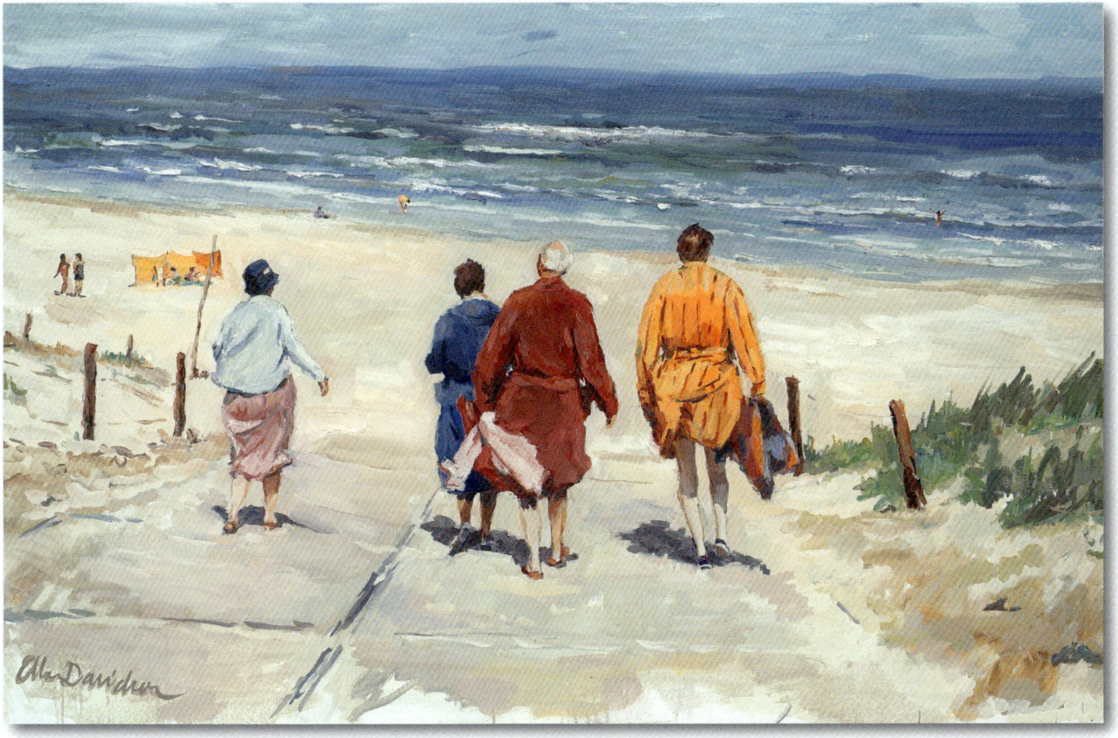

Seaside visitors

50771 .../25 - Canvas 80x120 cm

Marius van Dokkum, 1957

The paintings of Marius van Dokkum include portraits, still lifes and more general subjects, the latter usually portraying common people in their own surroundings. His characters come across as likeable, in spite of their many idiosyncrasies.

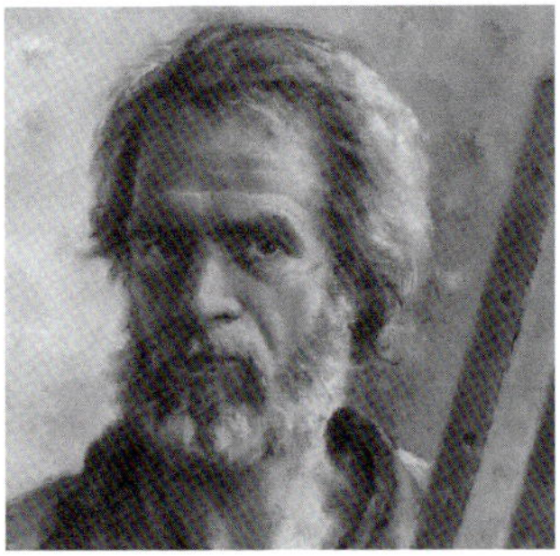

De schilderijen van Marius van Dokkum bestaan uit portretten, stillevens en vrije onderwerpen. In zijn vrije onderwerpen komen meestal eenvoudige mensen voor in hun eigen leef-omgeving. Mensen die ondanks hun eigenaardigheden toch sympathiek overkomen.

Die Kunstwerke von Marius van Dokkum umfassen Porträts, Stillleben und allgemeine, freie Themen. Letztere zeigen hauptsächlich einfache Menschen in ihrer eigenen Umgebung. Dem Künstler gelingt es diese Menschen trotz ihrer Eigenartigkeiten und Unzulänglichkeiten sympathisch darzustellen.

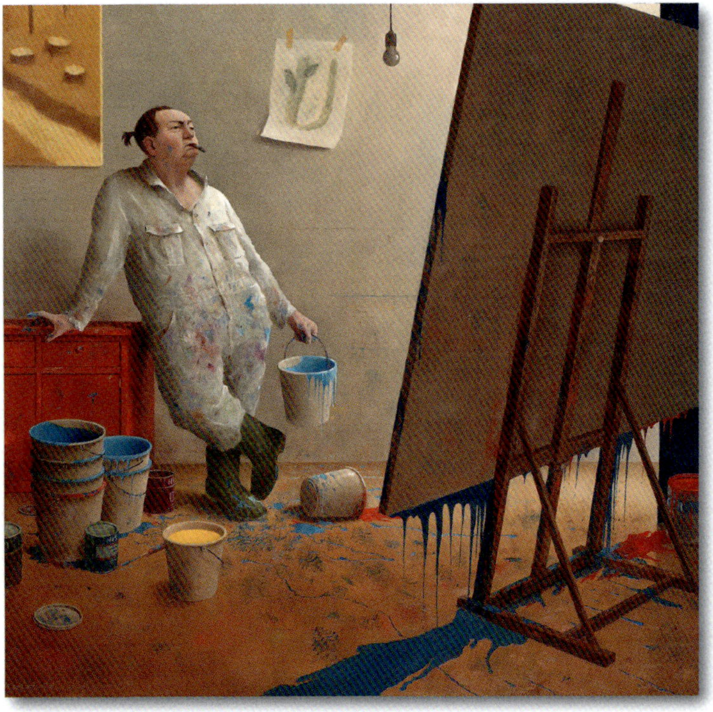

The Experiment

50969	Fine Art Paper	50970	Canvas	30x30 cm
50971	Fine Art Paper	50972	Canvas	50x50 cm

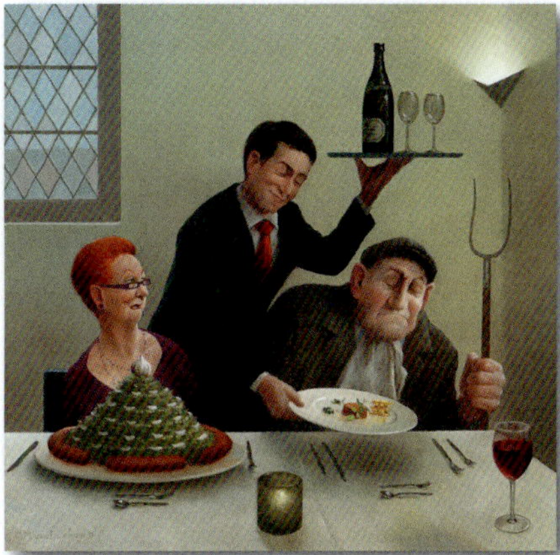

You can't teach an old dog...

50980	Fine Art Paper	50881	Canvas	30x30 cm
50882	../90		Canvas	50x50 cm

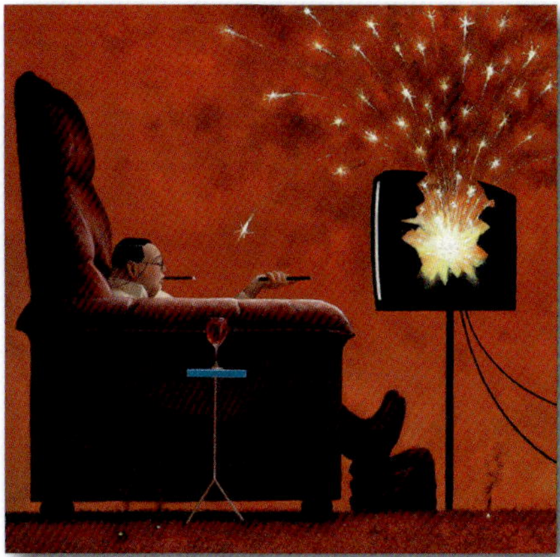

Made in China

50831	Fine Art Paper	50832	Canvas	30x30 cm
50833	Fine Art Paper	50834	Canvas	50x50 cm

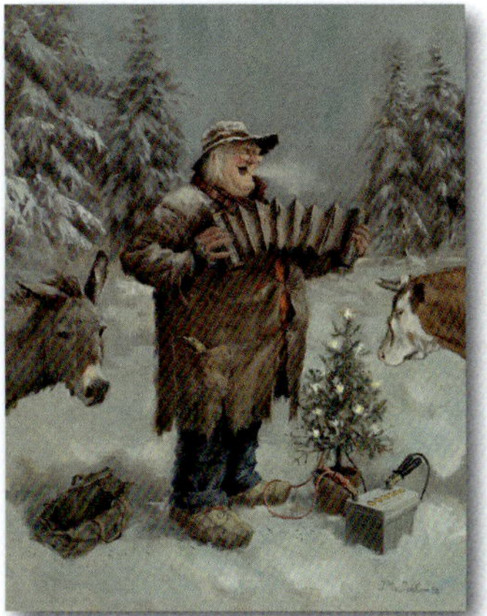

Silent night...

50835	Fine Art Paper	50836	Canvas	40x30 cm
50837	Fine Art Paper	50838	Canvas	70x50 cm

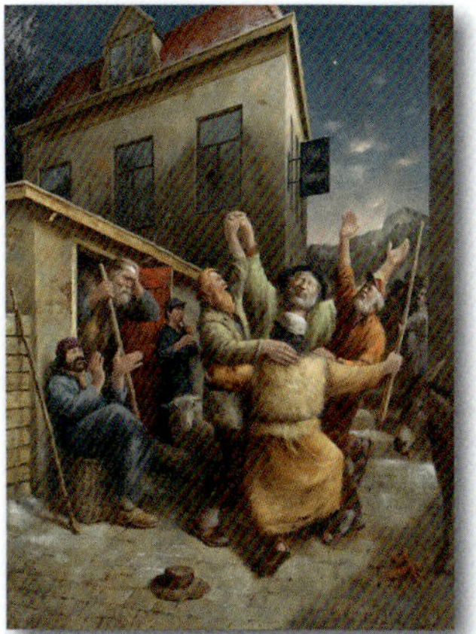

The Shepherd's Dance

50839	Fine Art Paper	50840	Canvas	40x30 cm
50841	Fine Art Paper	50842	Canvas	70x50 cm

Marius van Dokkum

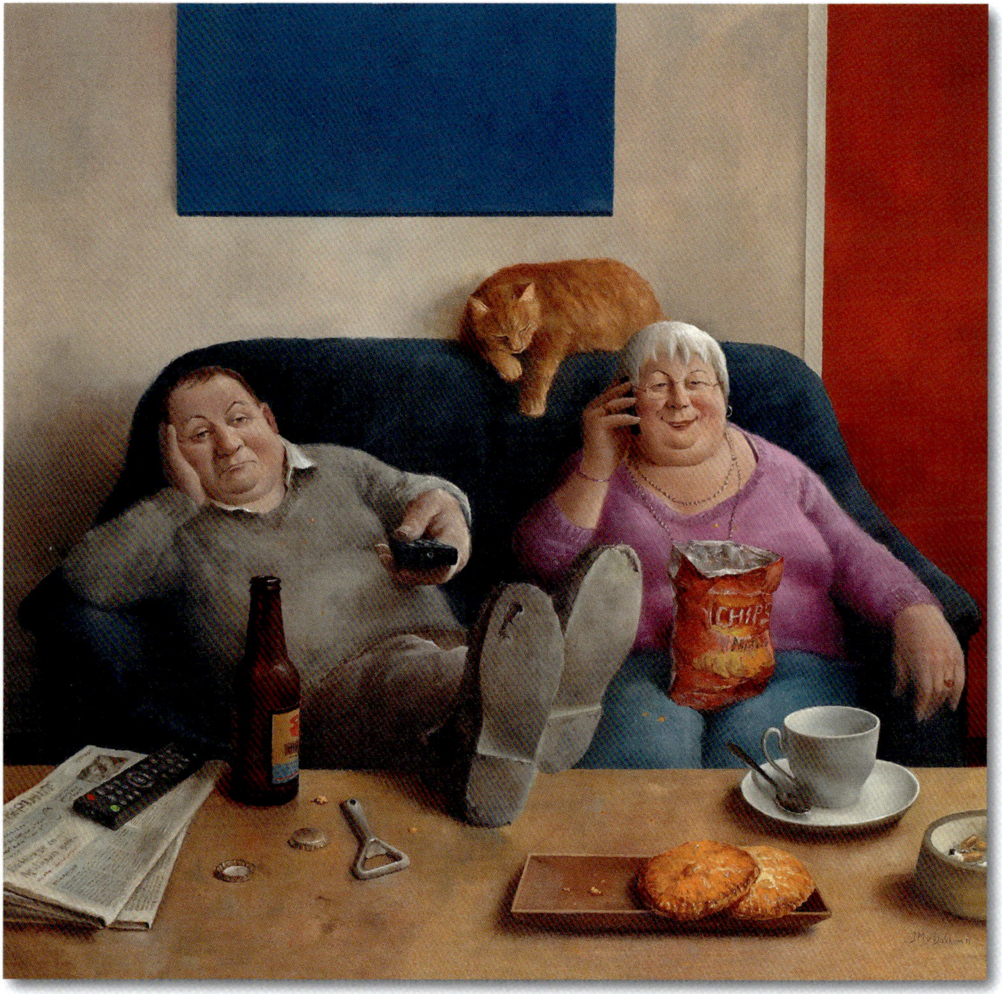

Diet on hold

50973	Fine Art Paper	50974	Canvas	30x30 cm
50975	Fine Art Paper	50976	Canvas	50x50 cm

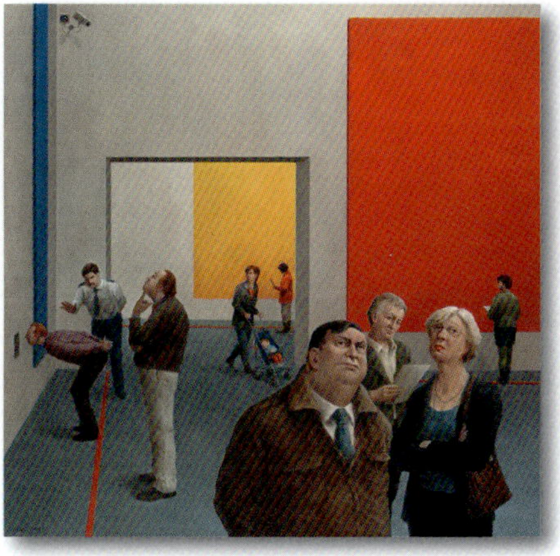

Exhibition

51014 Fine Art Paper 51015 Canvas 30x30 cm

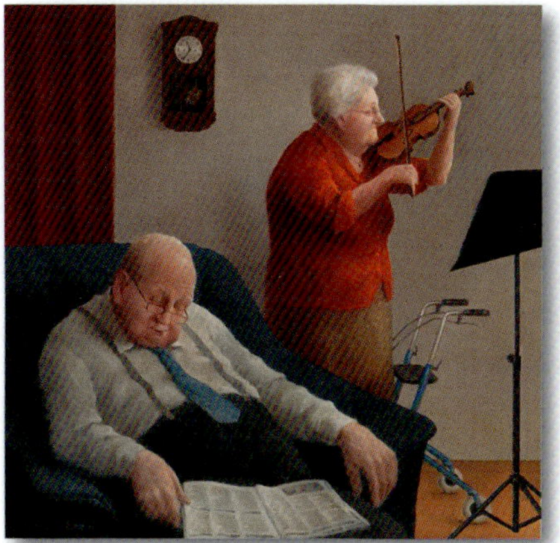

Lullaby

51019 Fine Art Paper 51020 Canvas 30x30 cm

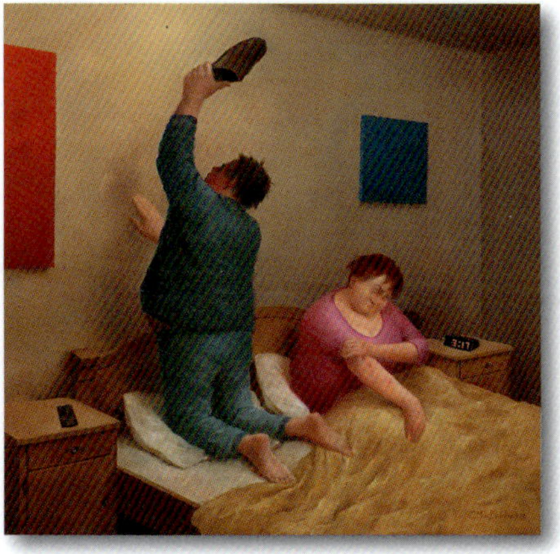

Mosquito

51021 Fine Art Paper 51022 Canvas 30x30 cm
51023 Fine Art Paper 51024 Canvas 50x50 cm

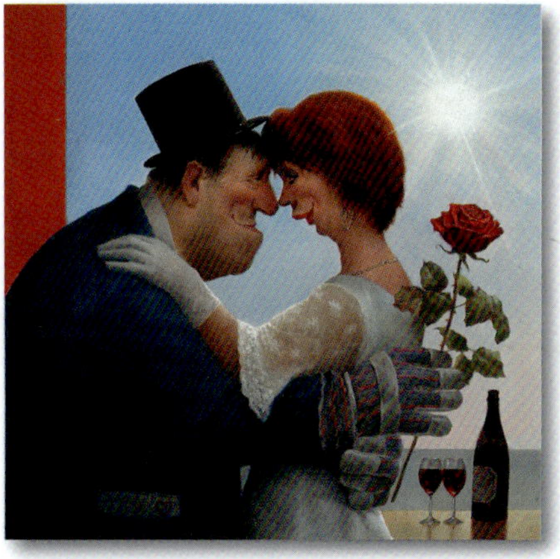

The farmer is getting married

50869 Fine Art Paper 50870 Canvas 30x30 cm
50871 Fine Art Paper 50872 Canvas 50x50 cm

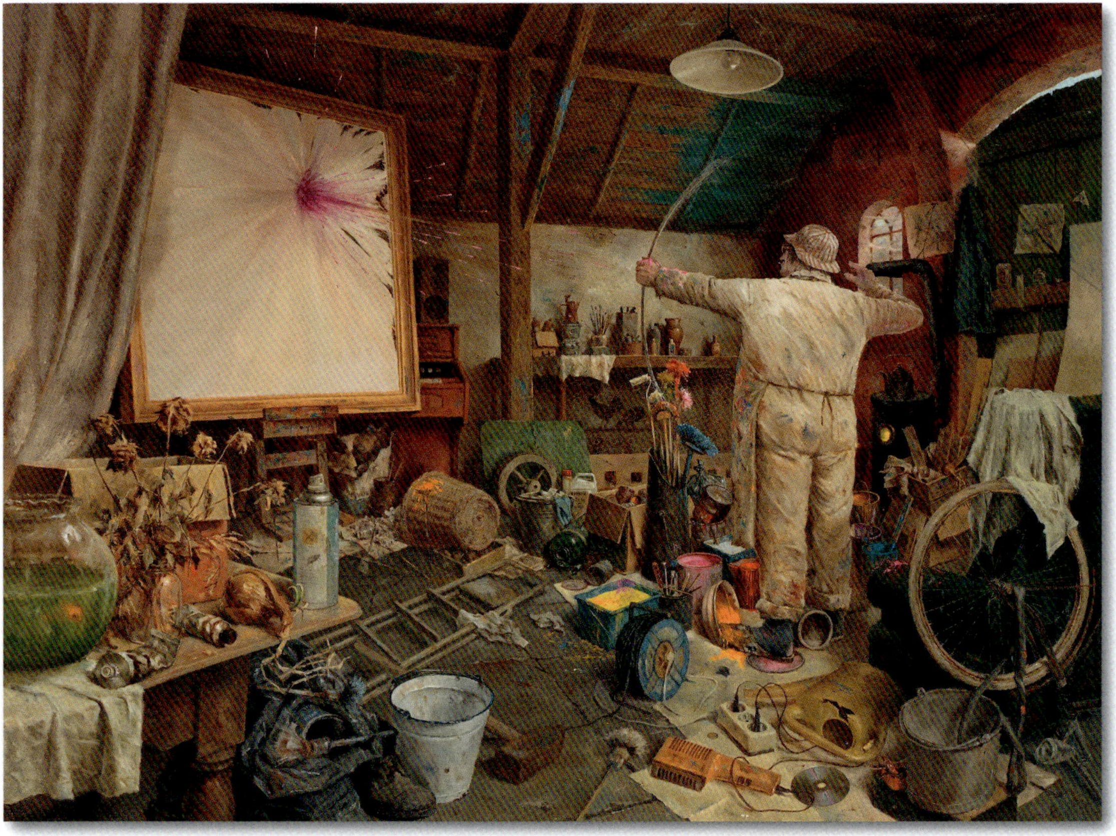

Better luck next time

50843	Fine Art Paper	50844	Canvas	30x40 cm
50845	Fine Art Paper	50846	Canvas	60x80 cm

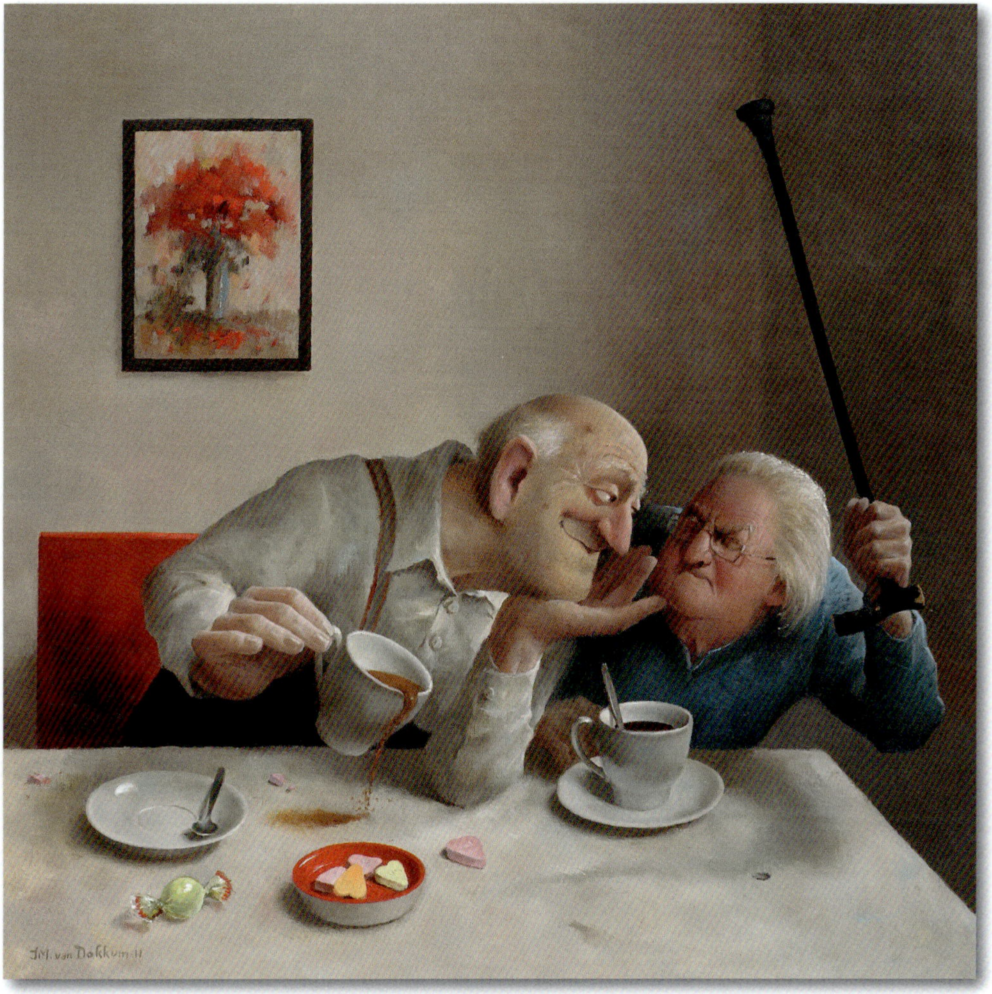

Unrequited Love

50865	Fine Art Paper	50866	Canvas	30x30 cm
50867	Fine Art Paper	50868	Canvas	50x50 cm

Marius van Dokkum

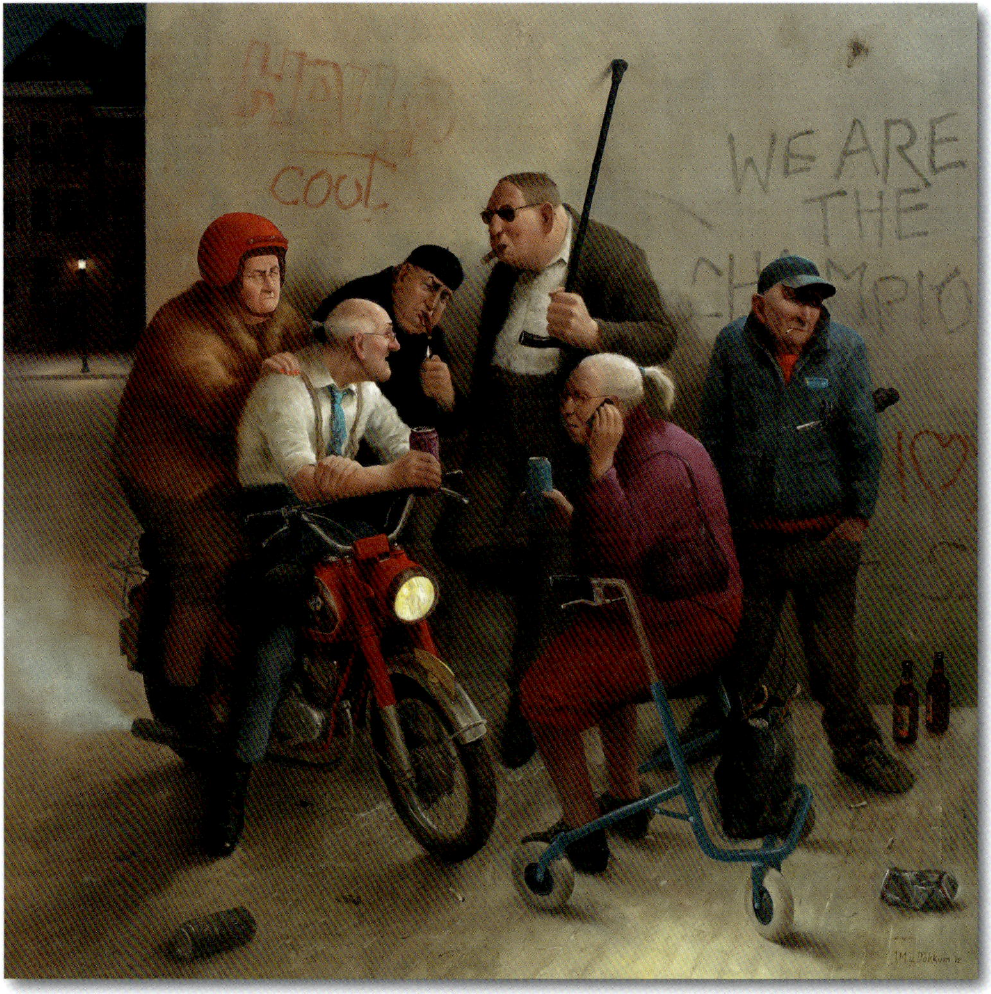

Second Youth

51025	Fine Art Paper	51026	Canvas	30x30 cm
51027	Fine Art Paper	51028	Canvas	50x50 cm

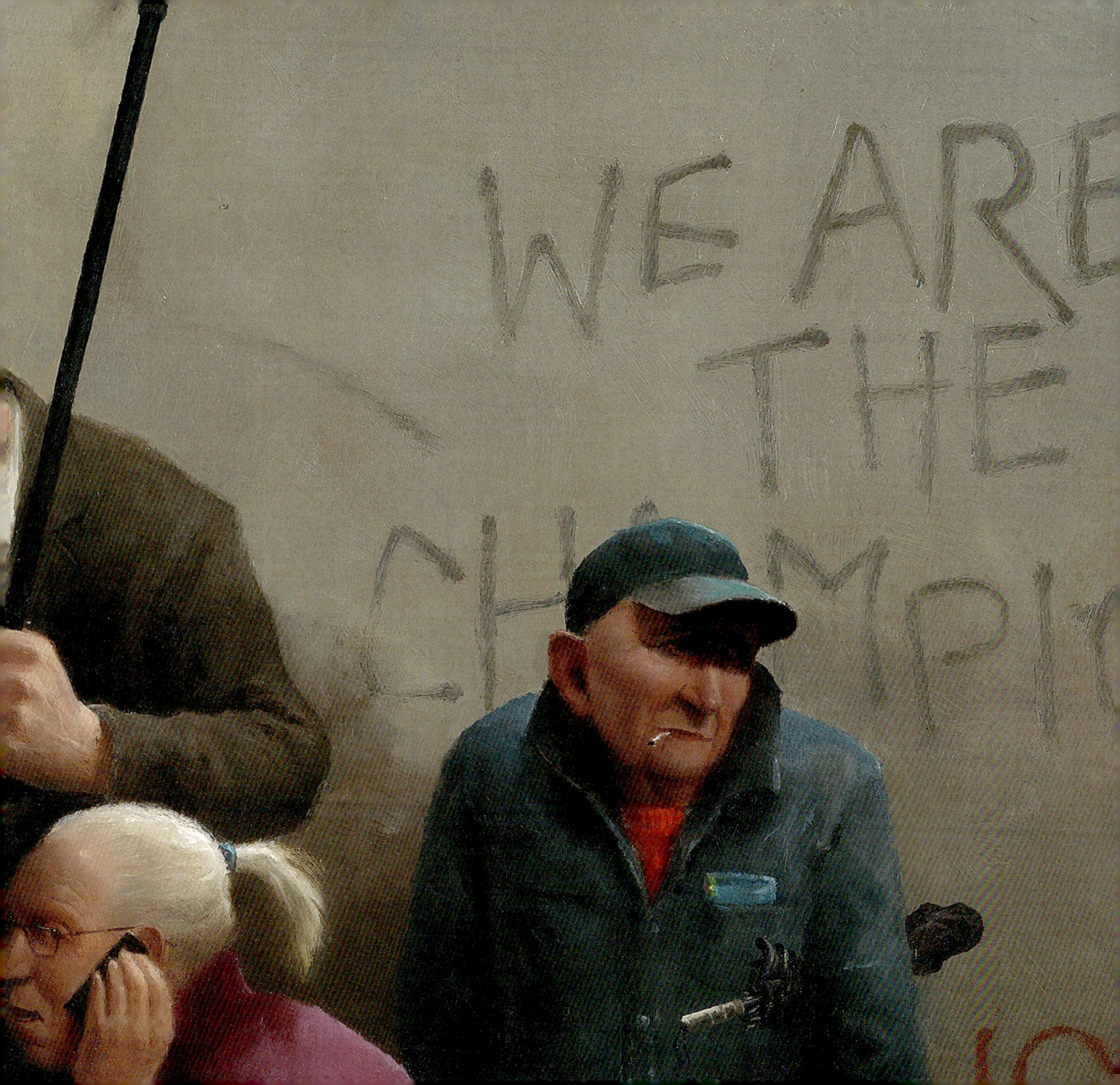
WE ARE
THE

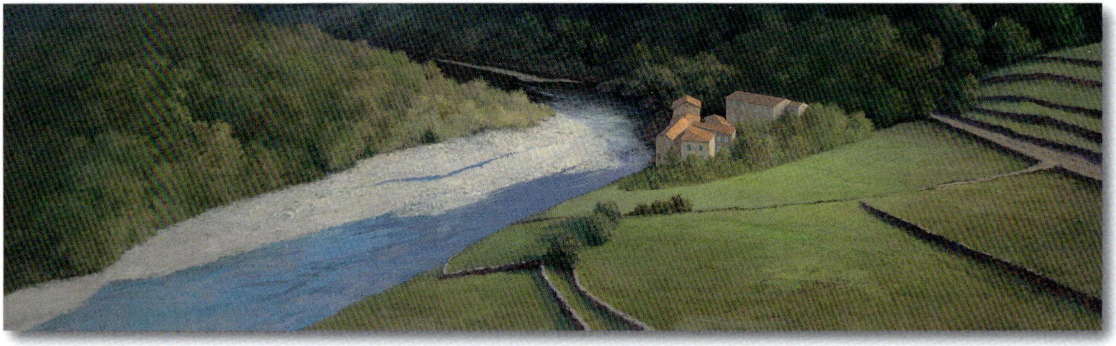

Le Bateau

50937 .../40 - Canvas 45x150 cm

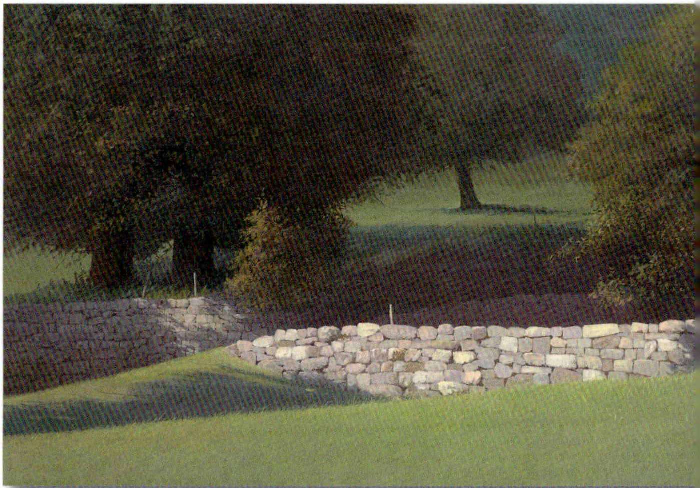

Peter Durieux, 1951

Peter Durieux's landscapes are calm oases wherein one can immerse oneself and meditate on the beauty of nature. He omits disagreeable details, portraying a reality more perfect than it could ever be. Durieux paints subdued and balanced scenes with his palette of endless shades of green, grey and ochre.

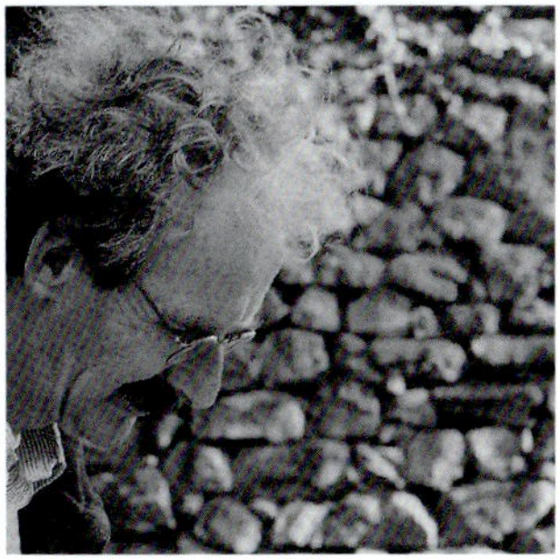

De landschappen van Peter Durieux zijn oases van rust waar men stil kan vertoeven en mijmeren over de schoonheid van de natuur. Storende elementen worden door hem weggelaten om de werkelijkheid wat mooier te maken. Met een palet van talloze groenen, grijzen en okers schildert Durieux ingetogen en evenwichtige voorstellingen.

Peter Durieux's Landschaften sind Ruheoasen. Störende Elemente werden durch den Künstler weggelassen um die Wirklichkeit ein bisschen schöner zu machen als sie eigentlich ist. Durieux malt gedämpfte und ausgewogene Szenen mit seiner endlosen Palette an Grün-, Grau- und Ockertönen.

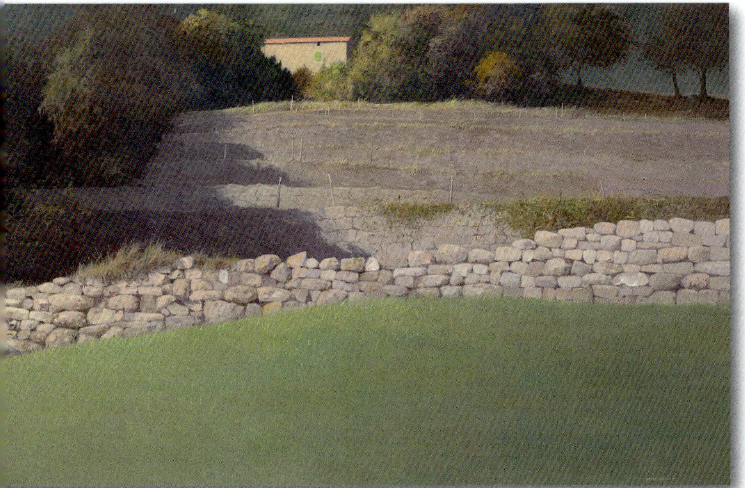

La Ribeyre

50936 .../40 - Canvas 45x140 cm

Joke Frima, 1952

Joke Frima paints by observation, and only by daylight. There are two favourite themes which she loves to explore exhaustively: plants and still lifes. "I paint subjects that many people consider unworthy of their attention, because my experience has taught me that simple things can be very beautiful."

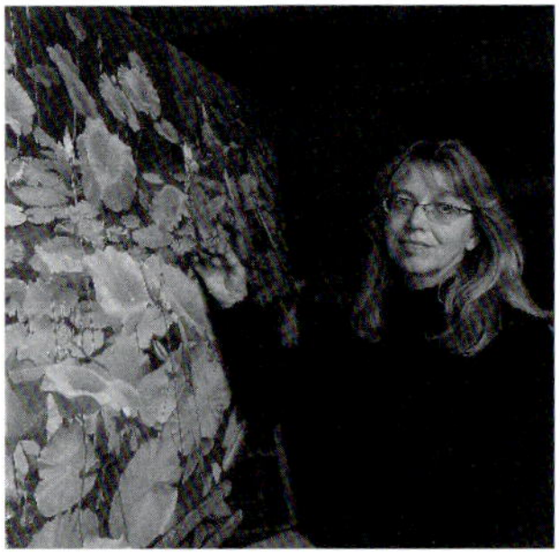

Joke Frima schildert naar waarneming en uitsluitend bij daglicht. Twee favoriete thema's behandelt zij uitputtend: planten en stillevens. "Ik schilder onderwerpen die men vaak niet waardevol vindt, vanuit mijn ervaring dat eenvoudige dingen mooi kunnen zijn."

Joke Frima malt nach ihrer eigenen Wahrnehmung und ausschließlich bei Tageslicht. Dabei hat sie zwei Lieblingsthemen, die sie erschöpfend behandelt: Pflanzen und Stillleben. „Ich male Objekte, die viele Menschen als nicht wertvoll empfinden, denn meine Erfahrung hat mich gelehrt, dass einfache Dinge sehr schön sein können."

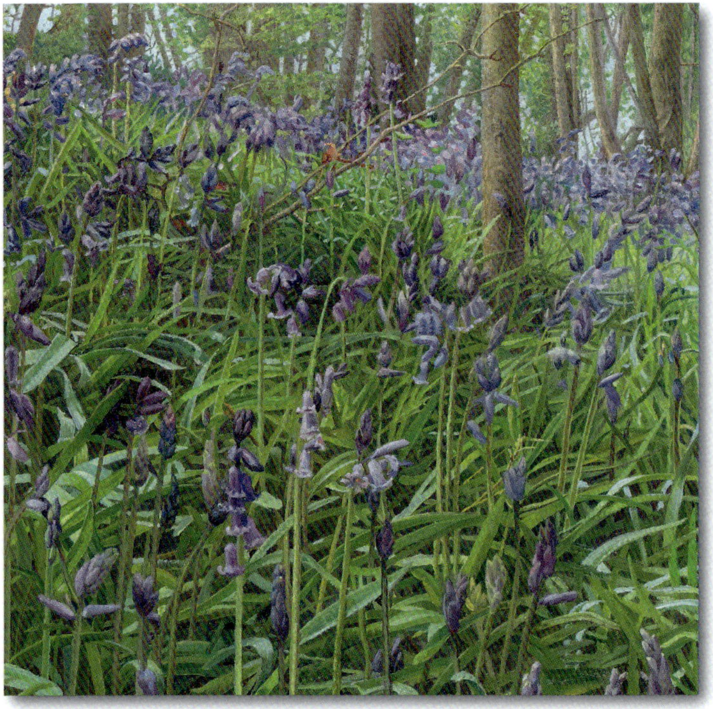

Wild Hyacinths

50897 .../25 - Canvas 50x70 cm

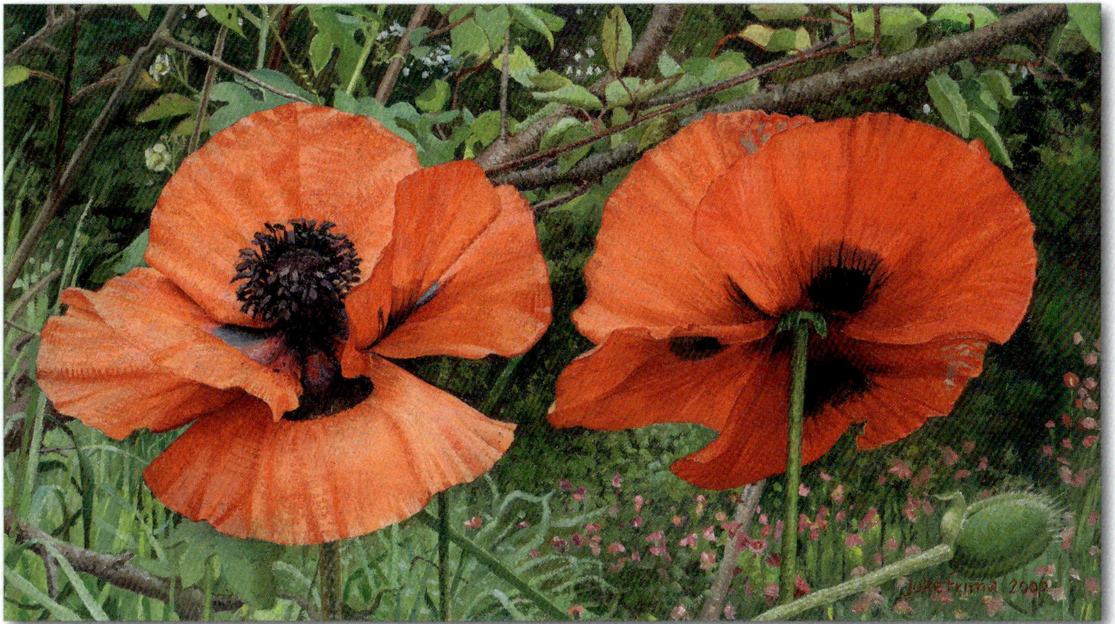

Volte Face

50898 .../50 - Canvas 25x45 cm

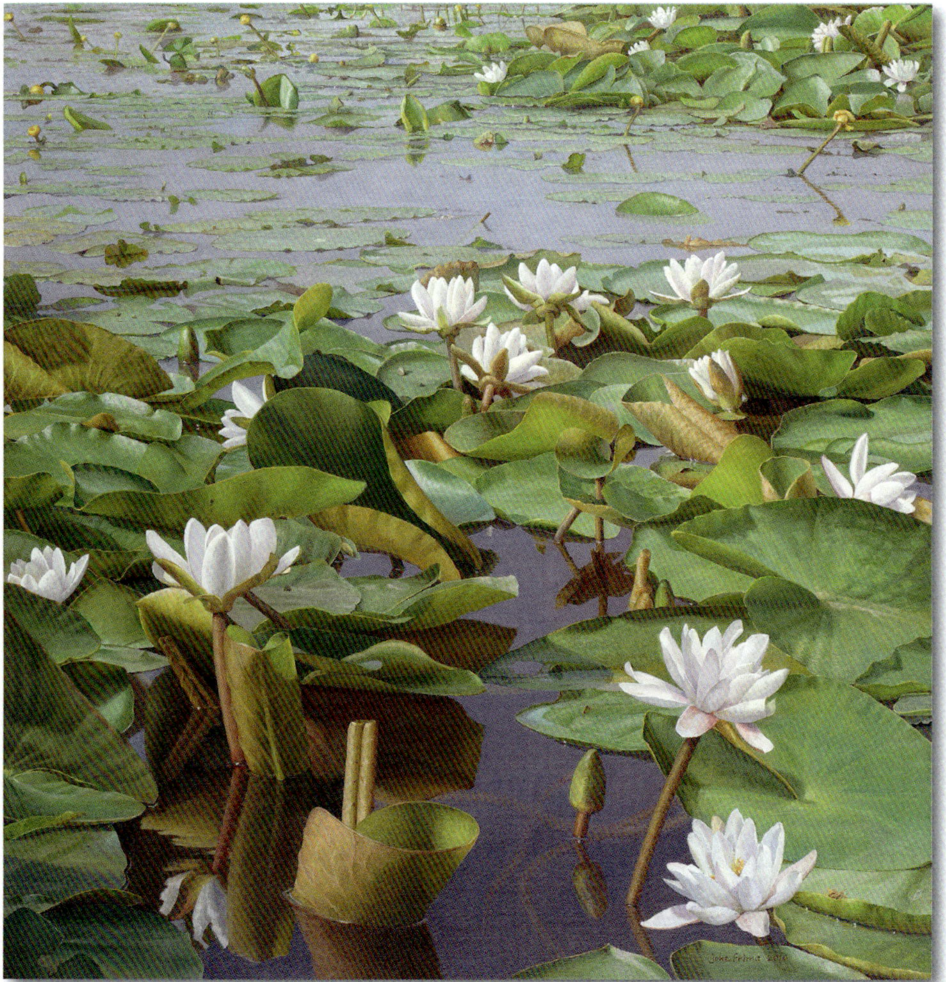

Ascended out of the black mud

50896 .../50 - Canvas 90x95 cm

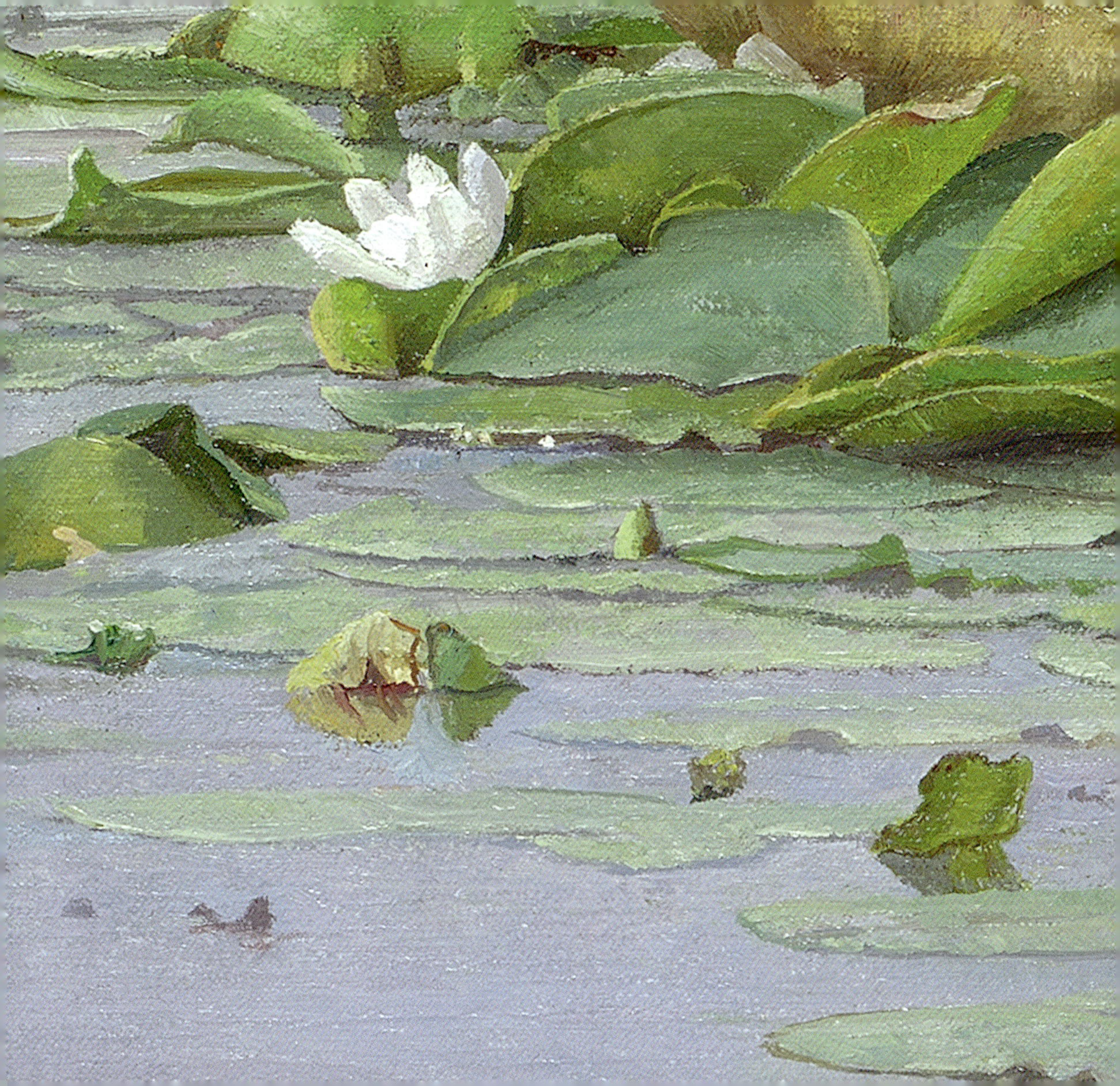

Sophia Heeres, 1981

During my study at the Minerva Academy in Groningen, I always experimented with different materials and methods. Colour and form were most important.
Whichever method I use or whatever process is put into operation, the color is always dominant!

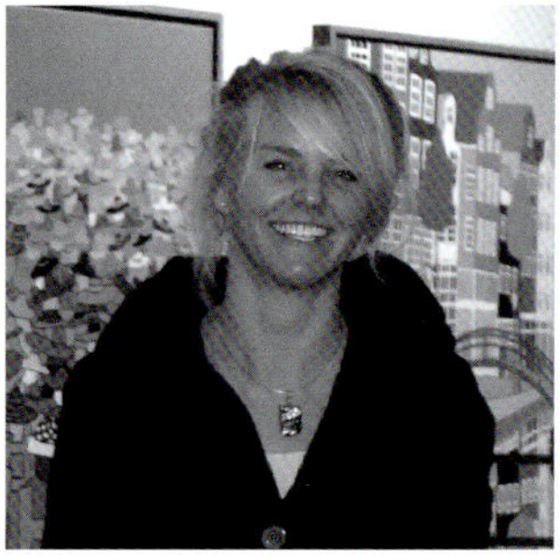

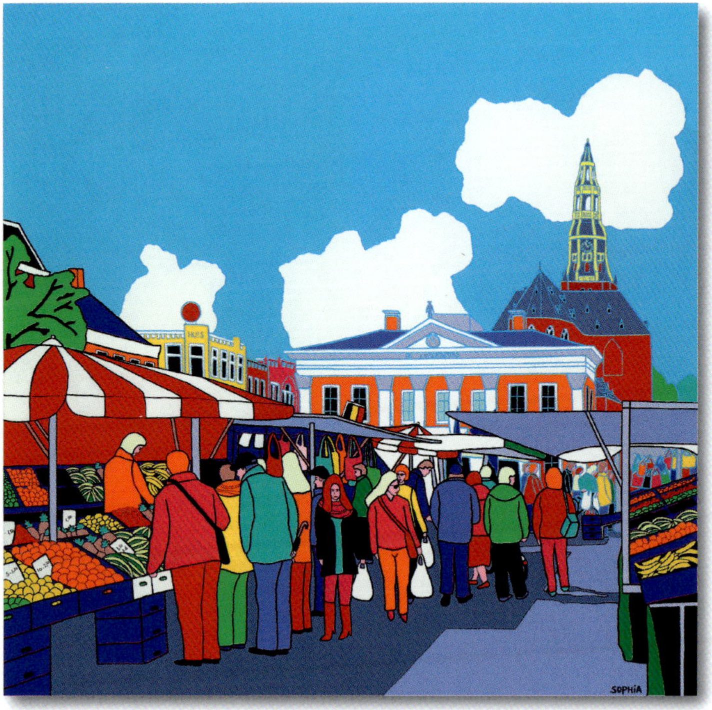

Market Square

51031 .../90 - Canvas 90x90 cm

Gedurende de tijd aan Academie Minerva in Groningen, heeft Sophia altijd geëxperimenteerd met verschillende materialen en verschillende werkwijzen. Kleuren en vormen waren altijd erg belangrijk.
Maar welke werkwijze zij ook hanteert of welk proces er ook in werking wordt gezet, altijd overheerst de kleur!

Während meine Studienzeit an der Minerva Akademie, habe ich mit einer vielzahl verschiedener Materialien und Methoden gearbeitet. Farbe und Form waren hierbei sehr wichtig. Welche Arbeitsweise ich auch gebrauche oder welcher Prozess auch in Gang gesetzt wurd, Farbe ist immer das dominierende Element.

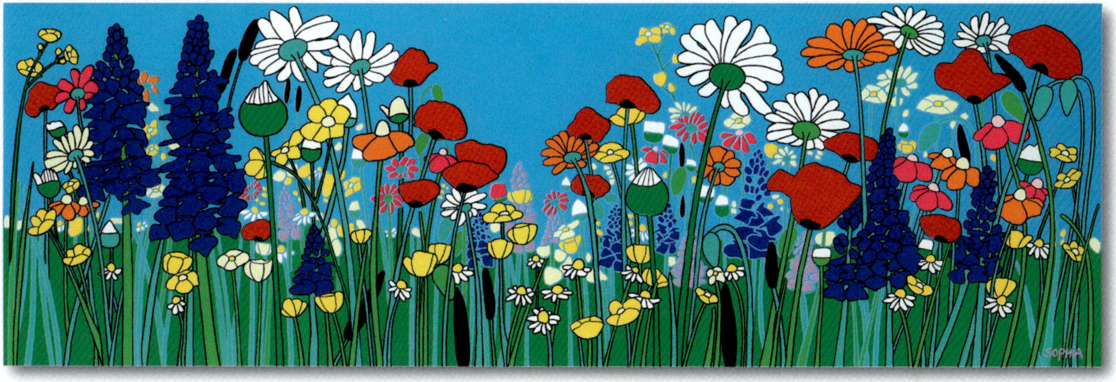

Flower abundance

51032 .../90 - Canvas 40x120 cm

Henk Helmantel, 1945

The influence of 17th-century painting is clearly evident in the still lifes and church interiors of Henk Helmantel. His still lifes consist of objects arranged in such a way as to create a balanced composition of form and colour. The attention lavished on the individual objects ensures that they are elevated from the mundane to something unique.

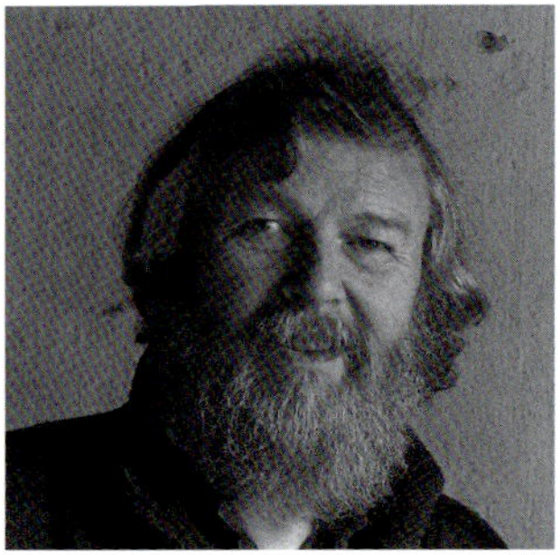

In de schilderijen van Henk Helmantel is de invloed van de oude meesters merkbaar aanwezig. In zijn stillevens zijn voorwerpen zo neergezet dat er een evenwichtige compositie van vormen en kleuren ontstaat. Door de voorwerpen met zoveel aandacht te schilderen, tilt hij ze boven het alledaagse uit.

In den Gemälden von Henk Helmantel ist der Einfluss der alten Meister deutlich spürbar. In seinen Stillleben sind Gegenstände auf eine Weise arrangiert, dass eine ausgeglichen Komposition aus Formen und Farben entsteht. Durch die Andacht die er jedem Objekt schenkt gelingt es ihm, Alltägliches in Kunst zu verwandeln.

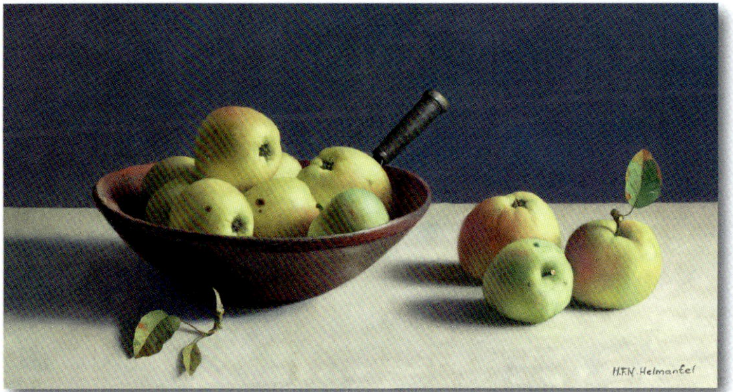

Still life with apples

50826 .../300 - Fine Art Paper 27x50 cm

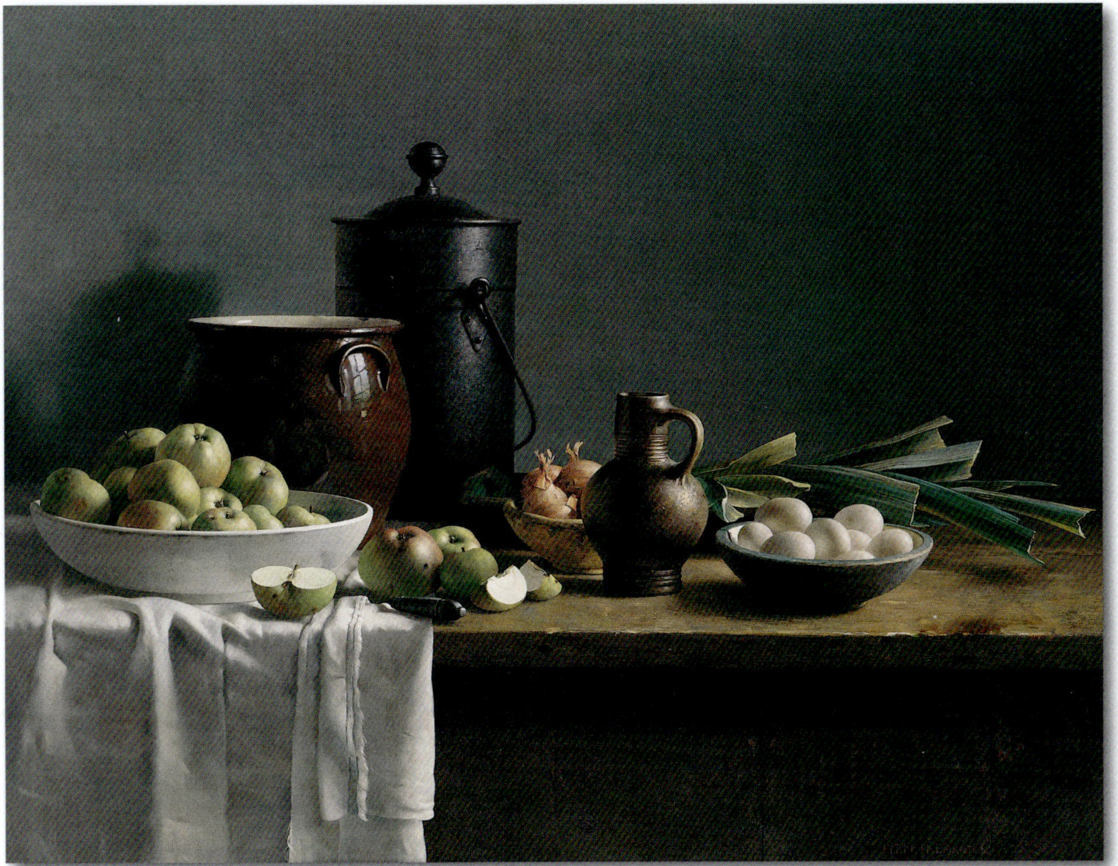

Still life with vegetables

50816 .../280 - Fine Art Paper 55x70 cm

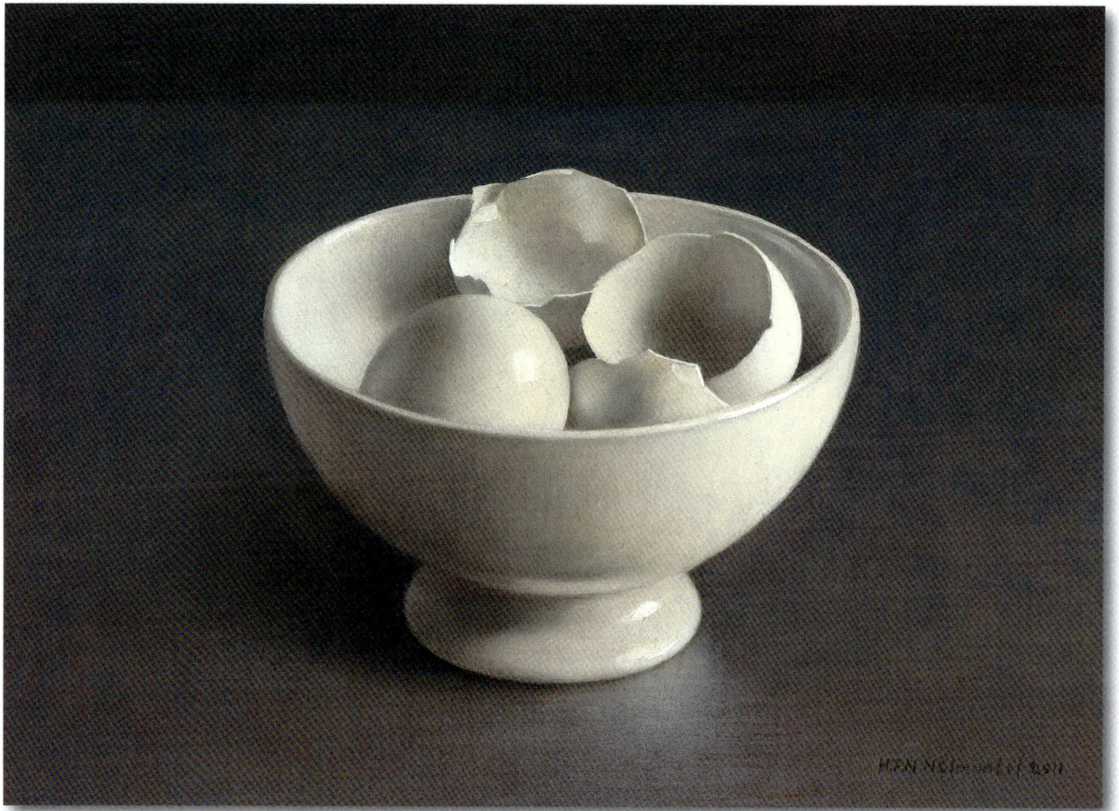

Bowl with egg shells

50906 .../60 - Fine Art Paper 22x30 cm

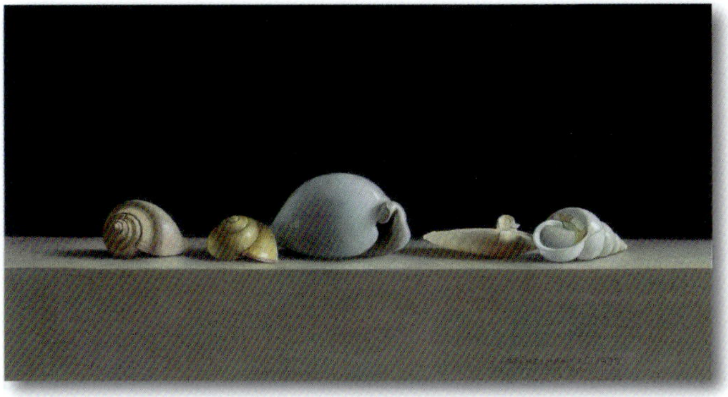

Still life with Shells
50825 ../300 Fine Art Paper 16x30 cm

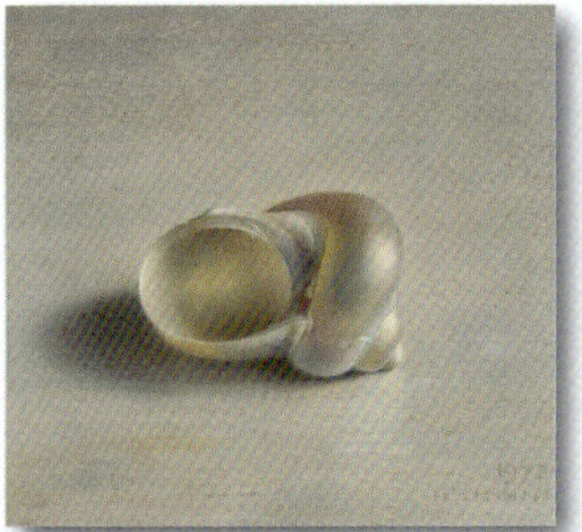

Shell
51013 ../50 Fine Art Paper 7,3x7,7 cm

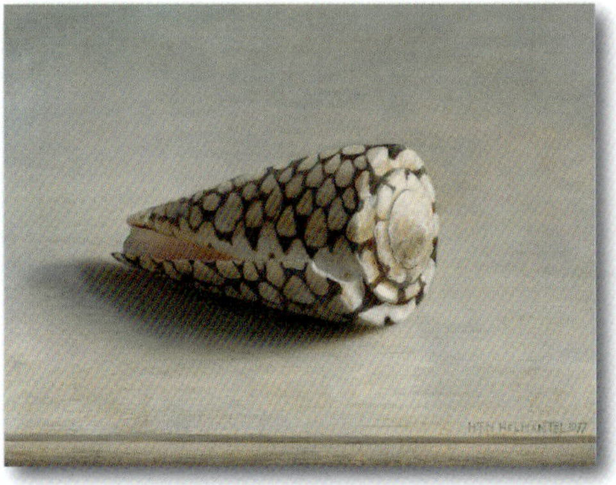

'Rembrandt' shell
50994 ../150 Fine Art Paper 11x14 cm

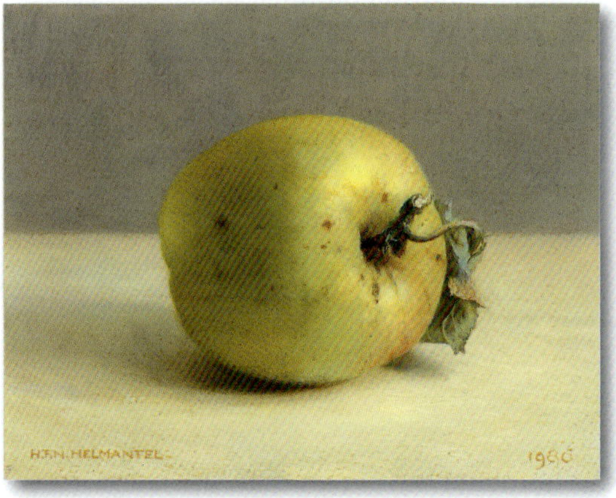

'Notaris' apple
50847 ../150 Fine Art Paper 12x15 cm

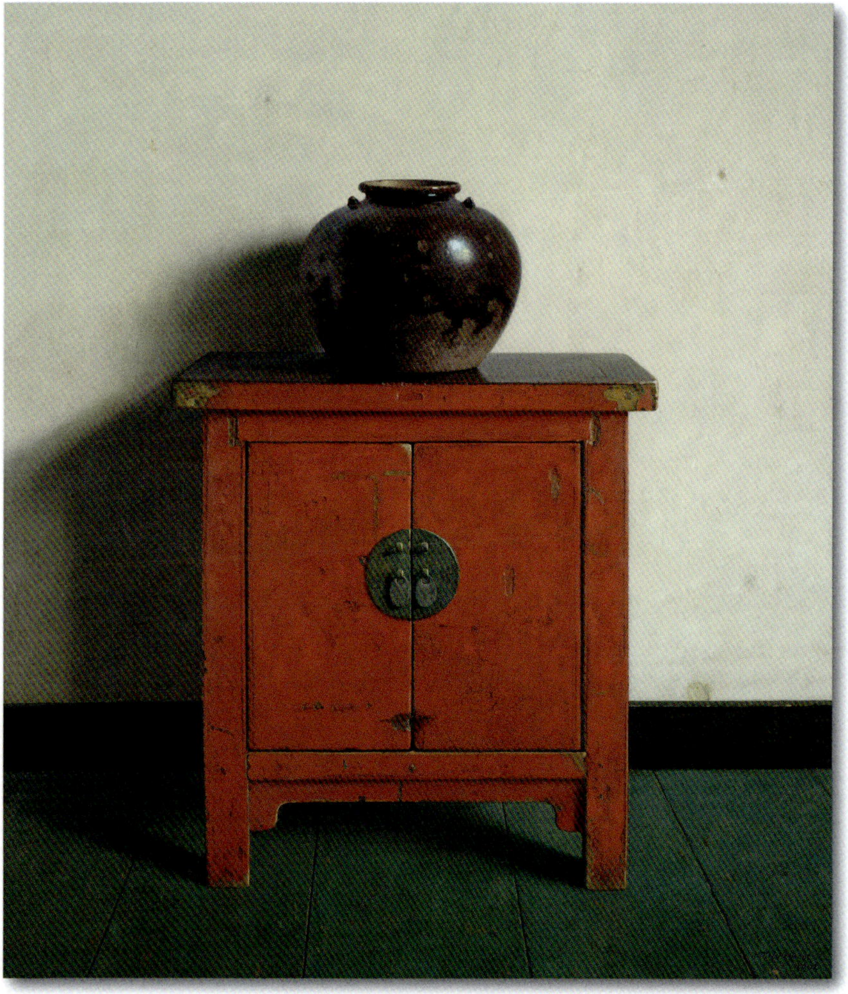

Chinese pot on red chest

50993 .../80 - Fine Art Paper 64x54 cm

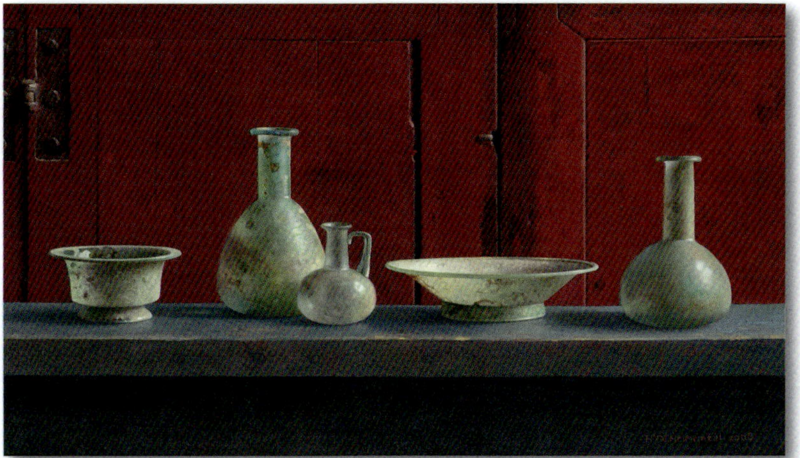

Roman glass in front of red chest
50938 ../210 Fine Art Paper 41x70 cm

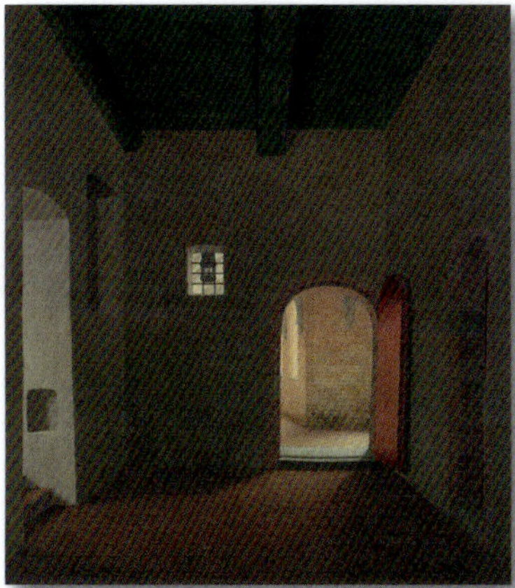

Monastery of Ter Apel
50824 ../50 Fine Art Paper 58x50 cm

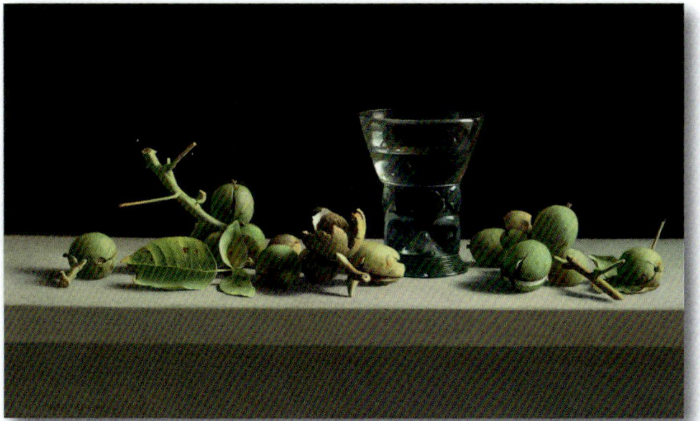

Walnuts and Roman glass
50939 ../180 Fine Art Paper 43x70 cm

Henk Helmantel

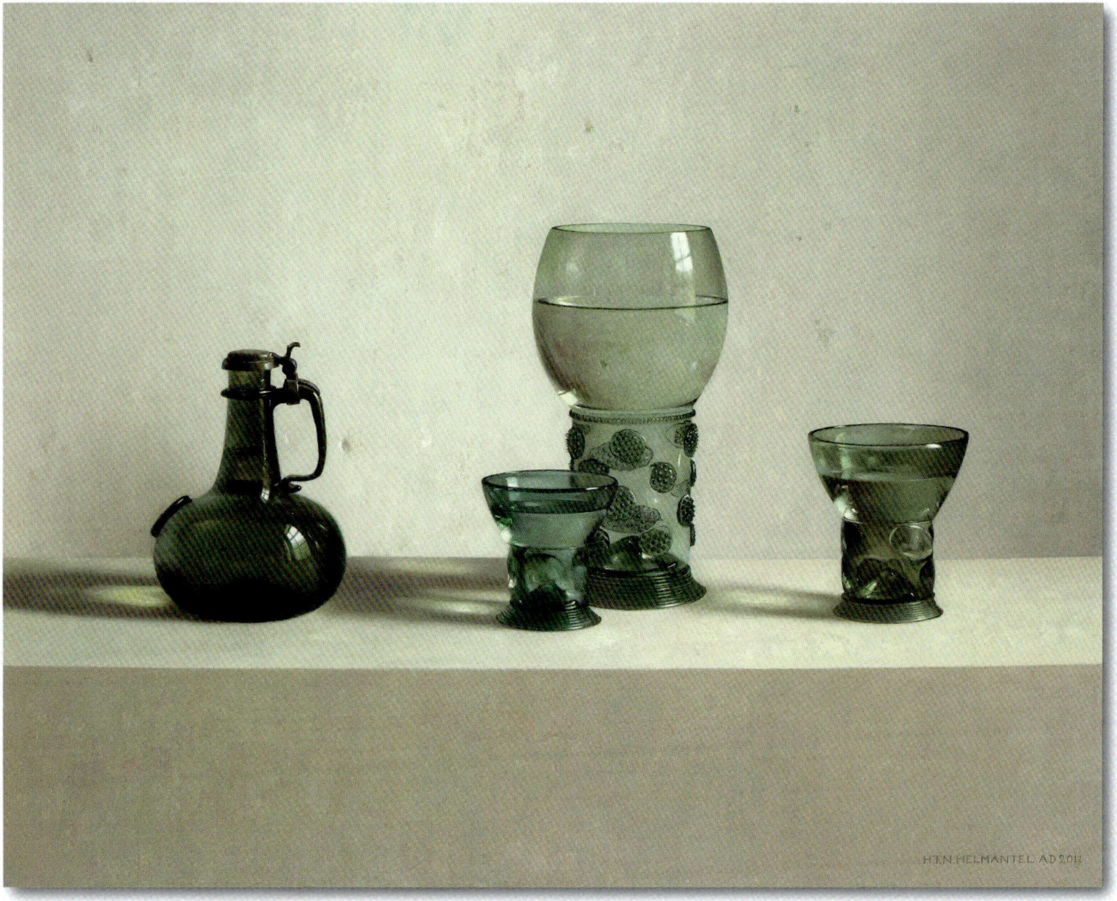

Glass still life

50991 .../280 - Fine Art Paper 55x68 cm

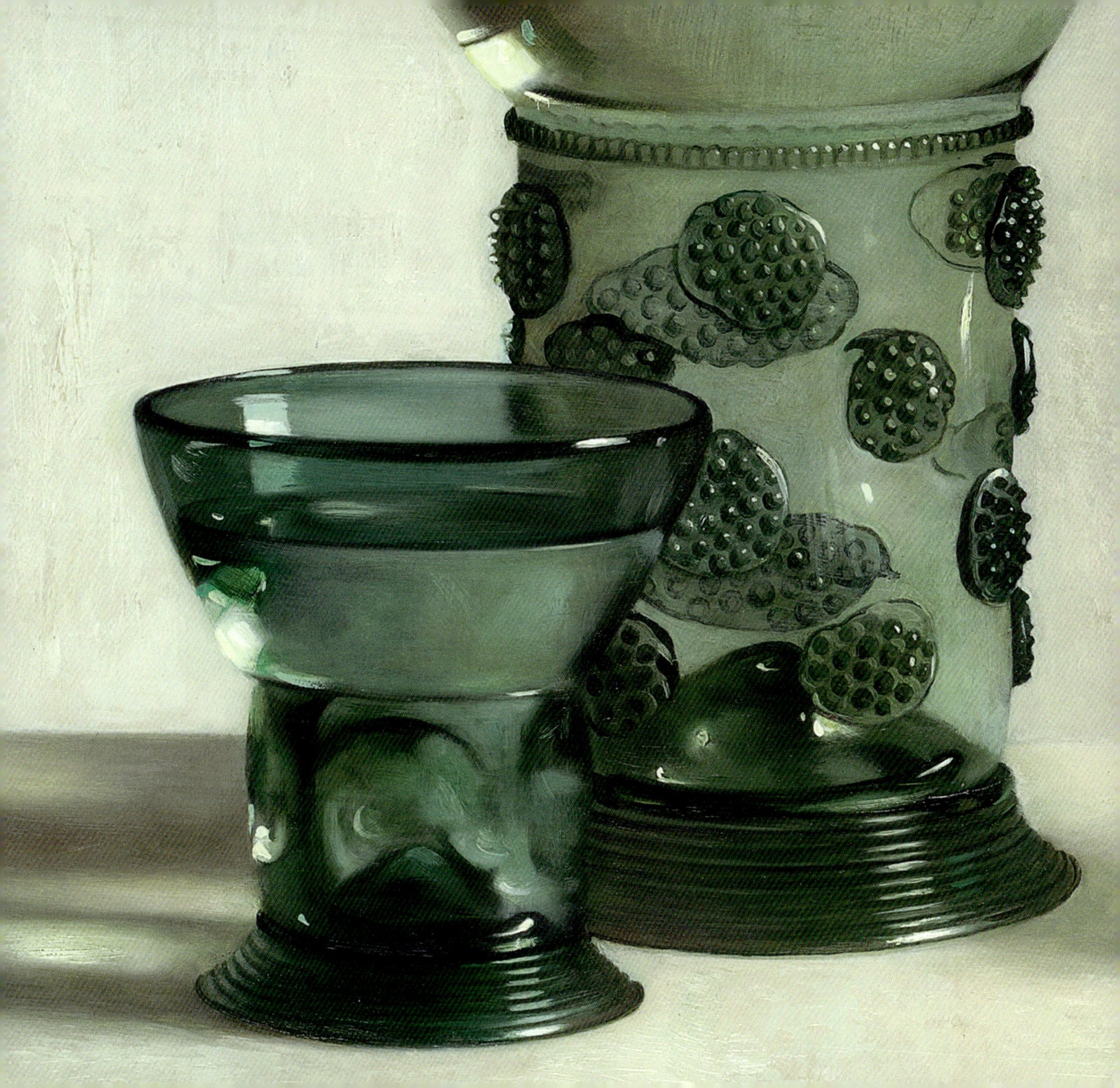

Geke Hoogstins, 1956

The beautiful place where Geke Hoogstins lives and works is her main source of inspiration. In her artworks she captures the atmosphere of the landscape in such a way that the viewer can share her emotions. In her paintings of cows she strives to portray every animal as an individual personality.

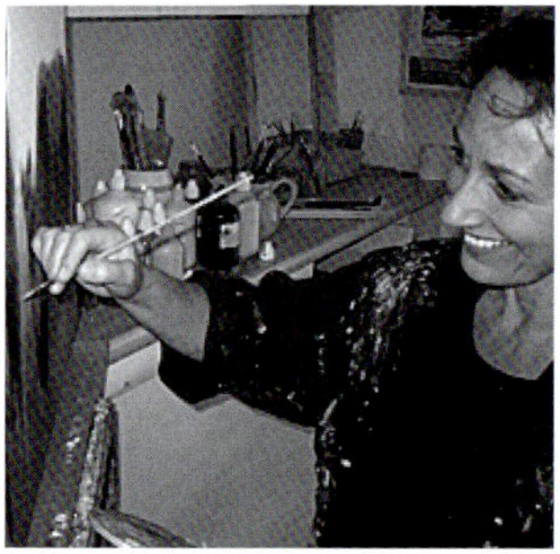

De prachtige omgeving waar Geke Hoogstins woont en werkt, is haar grote inspiratiebron. In haar schilderijen vangt ze de sfeer van het landschap, zodat ze de toeschouwer deelgenoot maakt van haar emoties. In haar koeienschilderijen probeert ze elk dier als een persoonlijkheid neer te zetten.

Die schöne Umgebung in der Geke Hoogstins lebt und arbeitet ist die Hauptquelle ihrer Inspiration. In ihren Gemälden fängt sie die Atmosphäre der Landschaft ein, auf eine Art und Weise die es dem Betrachter ermöglicht Teil ihrer Emotionen zu werden. In ihren Kuhbildern möchte sie jedes Tier als eine Persönlichkeit darstellen.

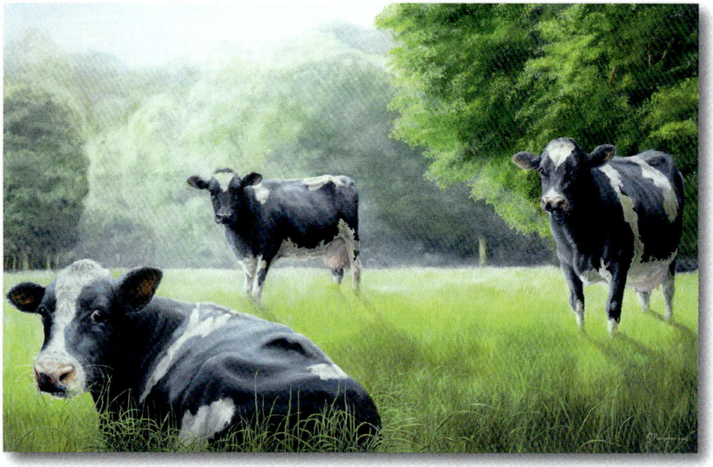

Ladies in green

50981 .../50 - Canvas 65x100 cm

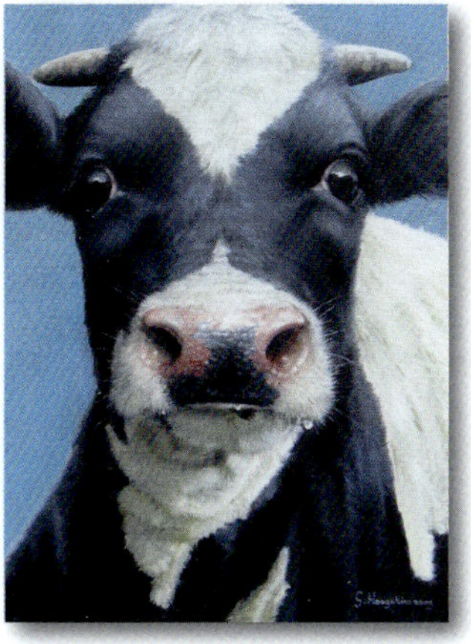

Oei
50848 ../70 Canvas 35x25 cm

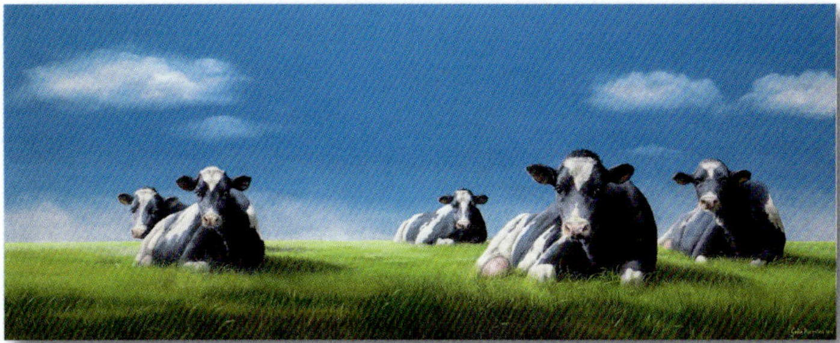

On the dike
50769 ../50 Canvas 40x100 cm

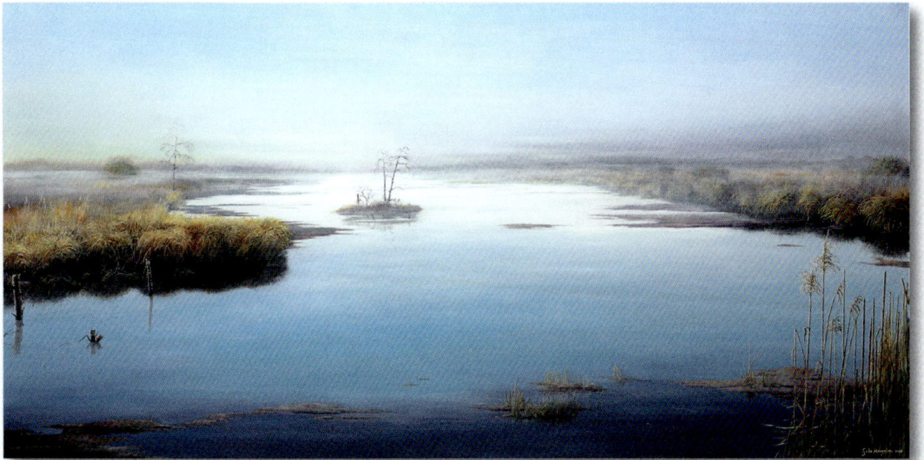

Peat swamp
50767 ../25 Canvas 40x80 cm
50768 ../25 Canvas 75x150 cm

Geke Hoogstins

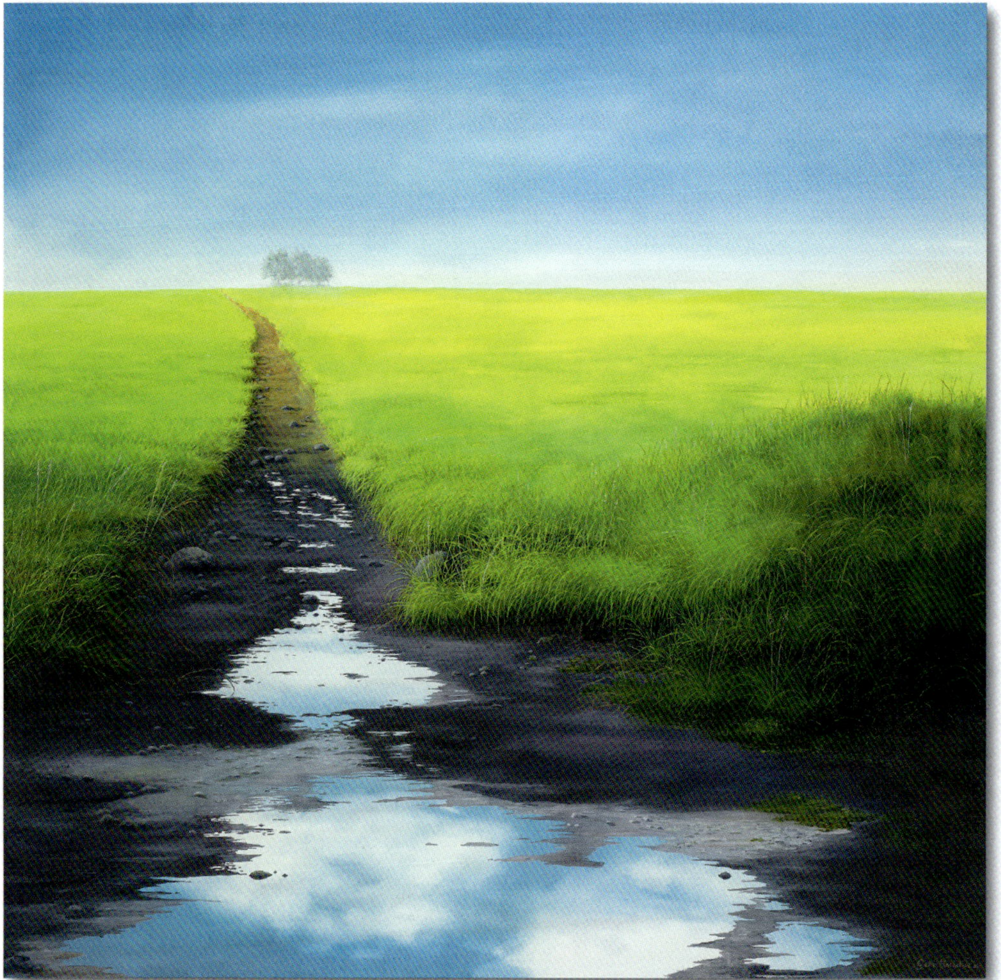

Hondsrug

50915 .../25 - Canvas 90x90 cm

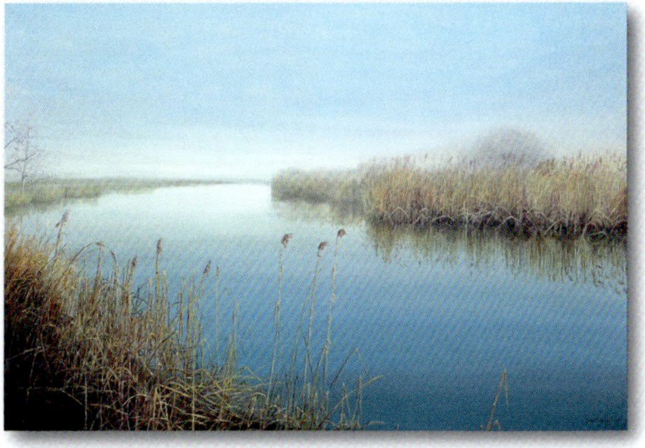

Mystic Moments
50910 ../25 Canvas 60x90 cm

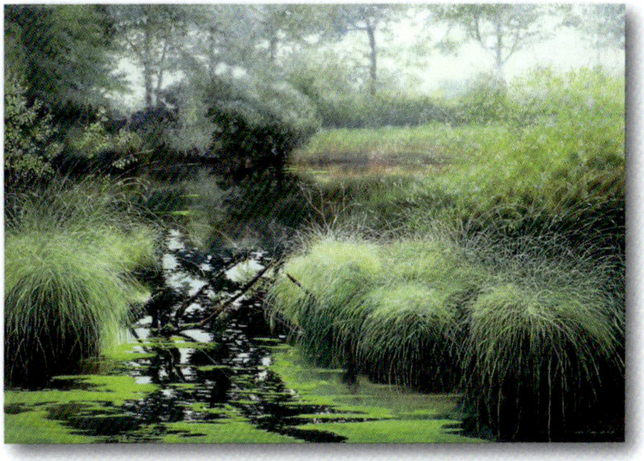

Bollenveen
50908 ../25 Canvas 60x85 cm

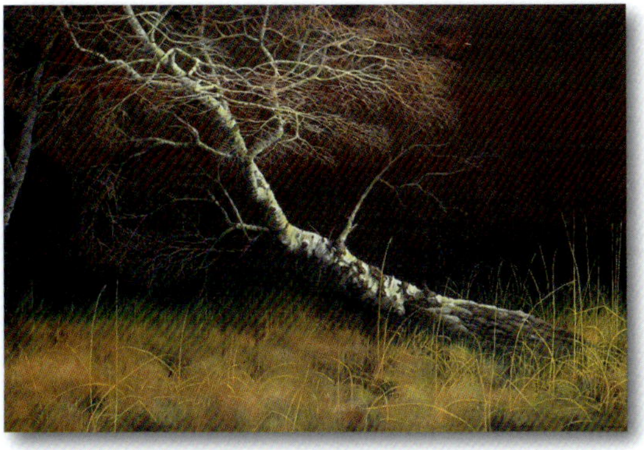

The old birch
50766 ../30 Canvas 60x90 cm

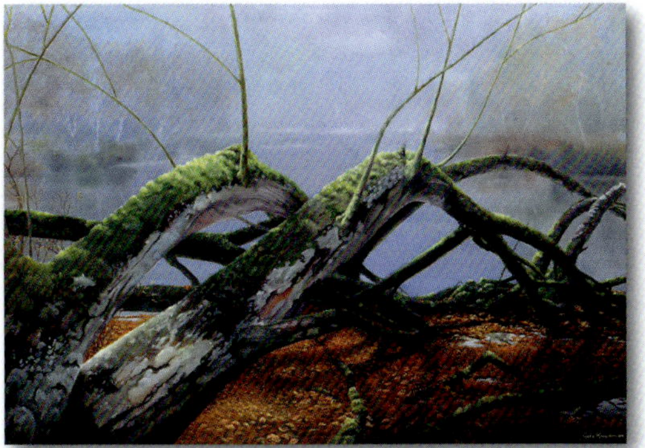

Jippingsveen
50911 ../25 Canvas 60x85 cm

Hans Innemée, 1951

Innemée's subjects are mostly farm animals. These creatures, often chickens, are endowed with various human characteristics and expressions. The inspiration behind this approach can be partly traced to a sketch by Tommy Cooper, the English comedian.

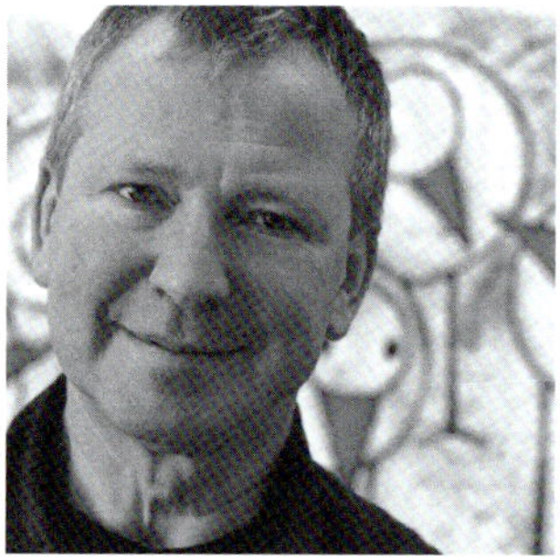

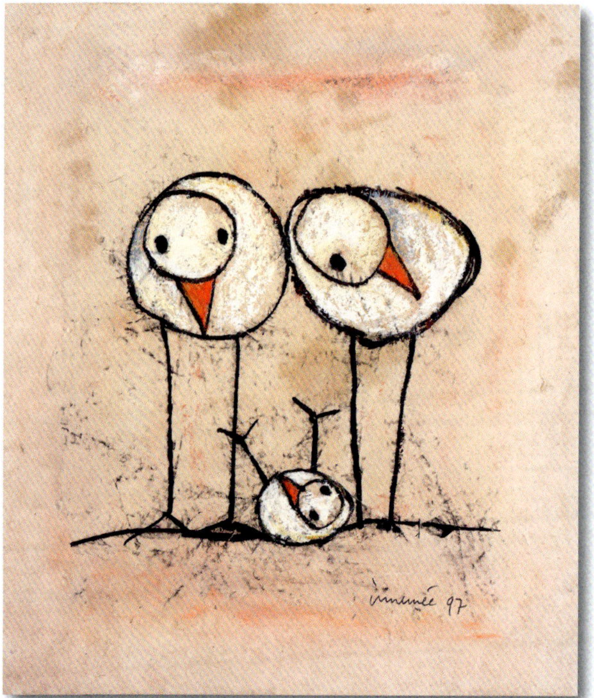

1+1=3

50940 ../24 Canvas 120x100 cm
50941 ../250 Canvas 60x50 cm

Innemée's onderwerpen komen vaak van de boerderij, hij gebruikt deze dieren, vooral kippen, om allerlei menselijke trekken uit te drukken. Dit onderwerp is gedeeltelijk geïnspireerd door een sketch van de Engelse komediant Tommy Cooper.

Innemée's Bildgegenstände sind hauptsächliche Tiere vom Bauernhof. Er benutzt vor allem Hühner um verschiedenste menschliche Züge und Eigenschaften darzustellen. Die Inspiration dazu kann teilweise auf einen Sketch des Englischen Komödianten Tommy Cooper zurück geführt werden.

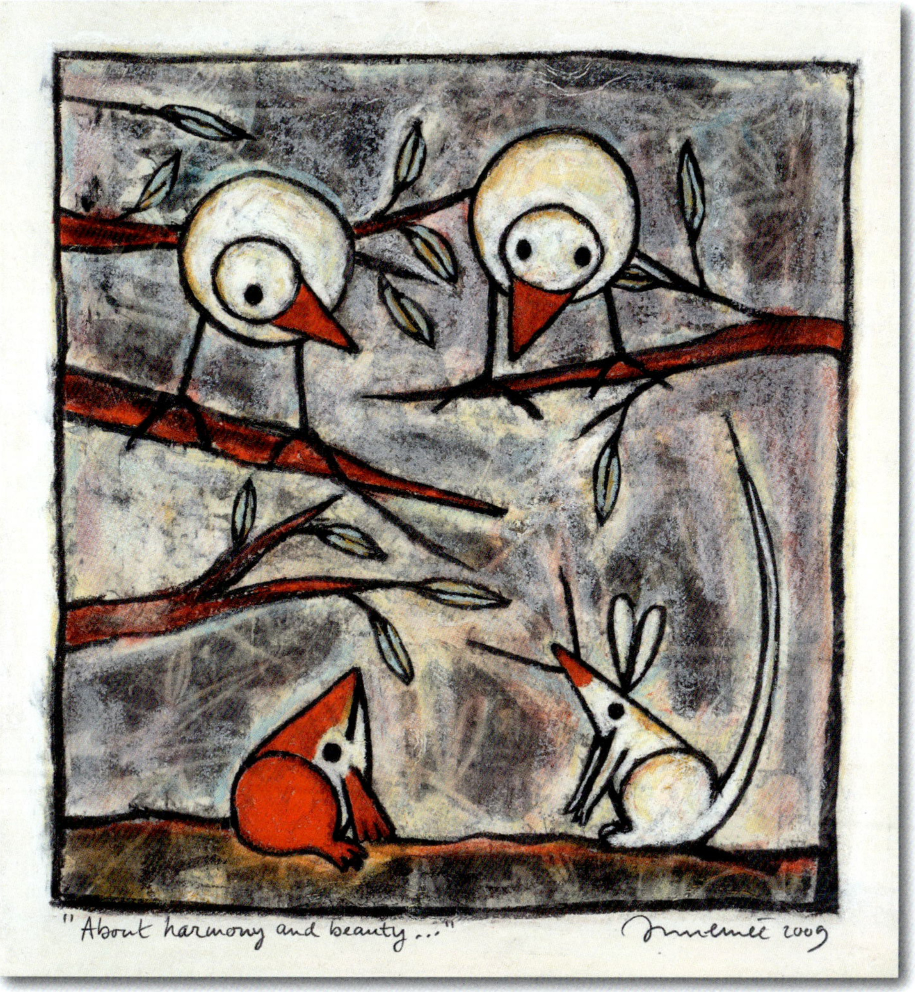

About harmony and beauty...

50942 .../24 - Canvas 110x100 cm

Hans Innemée

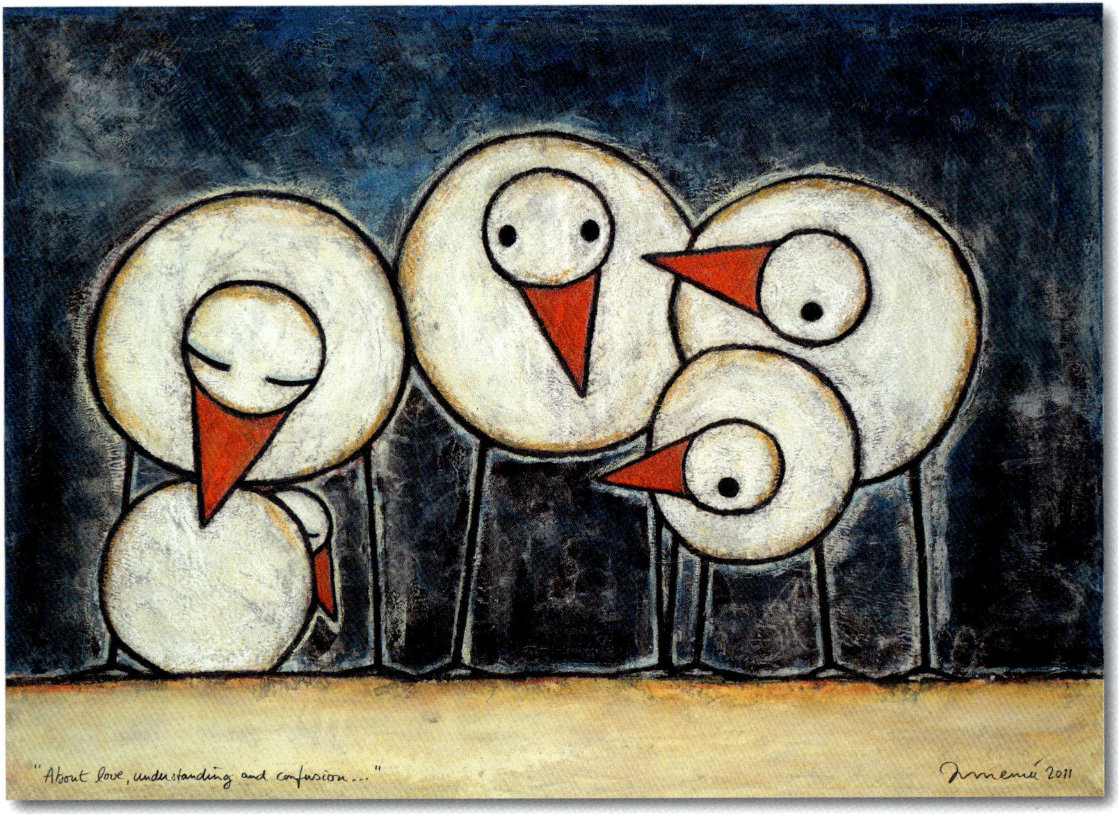

About love, understanding and confusion...

51035 .../24 - Canvas 80x110 cm

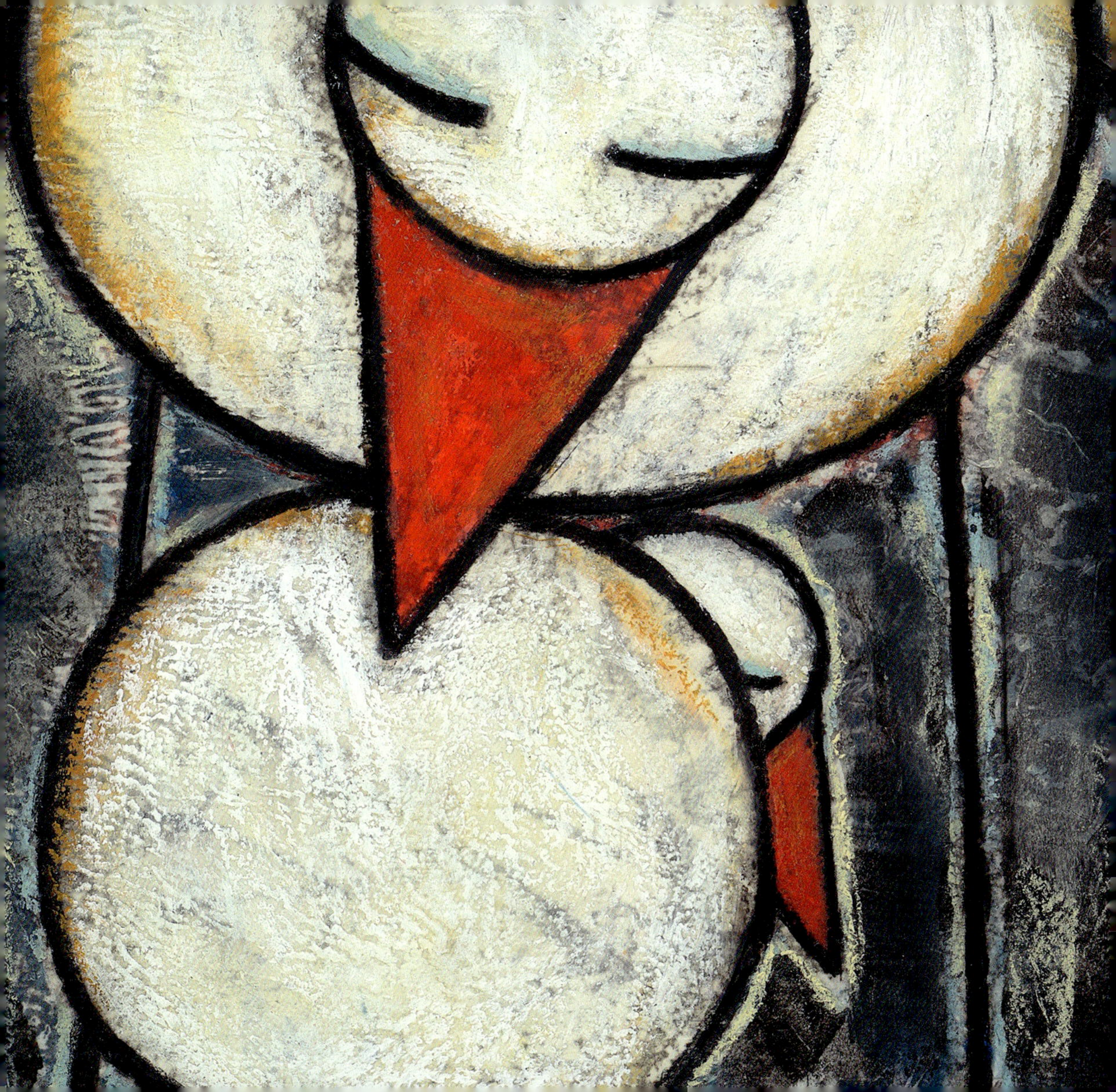

Jan van Loon, 1938

This painter's work encompasses an immensely broad range of both techniques and subject matter. Jan van Loon is celebrated for his landscapes in which the moods of weather, wind and landscape are captured in a unique manner. He has also painted numerous portraits.

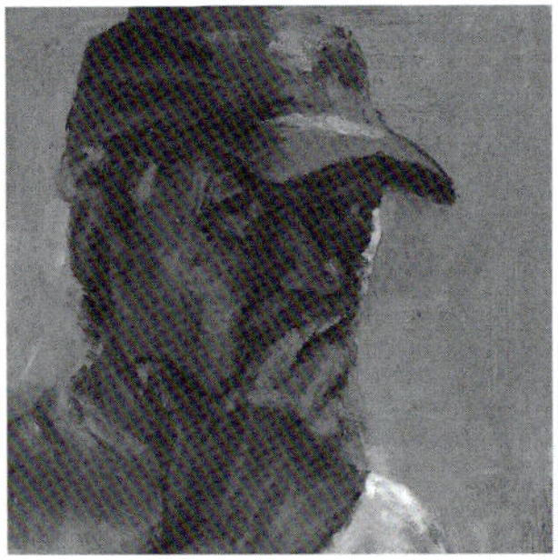

Het werk van Van Loon beweegt zich zowel qua techniek als qua onderwerp op een zeer breed terrein. Jan van Loon is vermaard om zijn landschappen waarin hij als geen ander op trefzekere wijze de stemmingen van weer, wind en landschap weet weer te geven.

Die Werke von Jan van Loon umfassen sowohl in Bezug auf Technik als auch auf Themen und Gegenstände ein breites Spektrum. Der Künstler ist berühmt für seine Landschaftsbilder in denen er es wie kein Zweiter versteht, die Stimmung von Wind, Wetter und Landschaft treffsicher wiederzugeben.

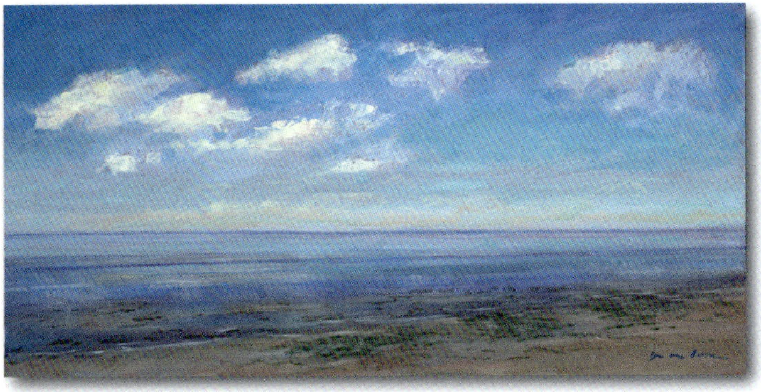

Mudflats

50943 .../110 - Canvas 45x90 cm

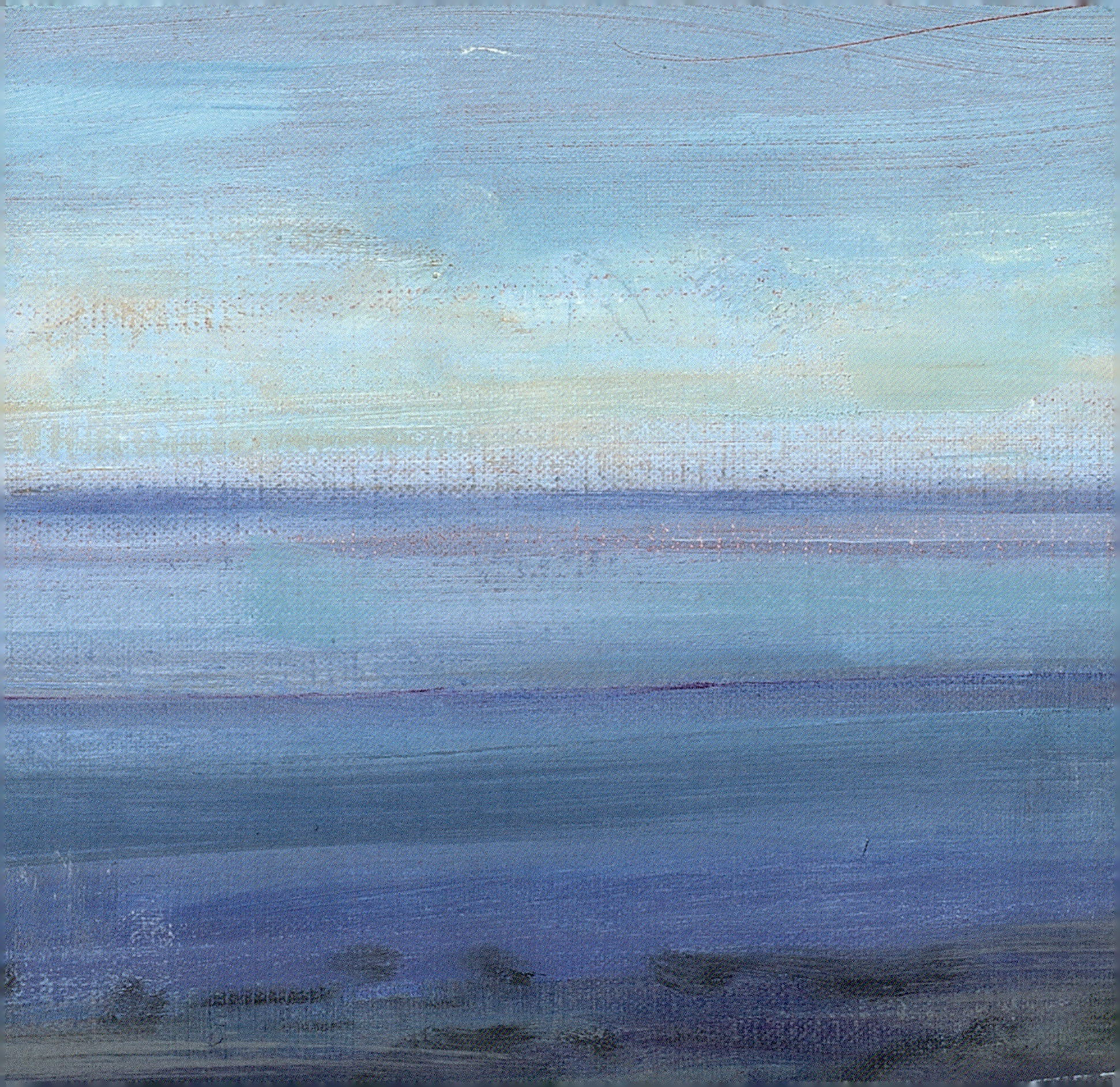

Maria Megens, 1952

The works of Maria Megens are characterised by non-figurative, balanced composition. They are distinctly colourful – expressive or peaceful and contemplative. Megens finds inspiration during her travels (including Africa and Asia), and when looking at landscape and architecture.

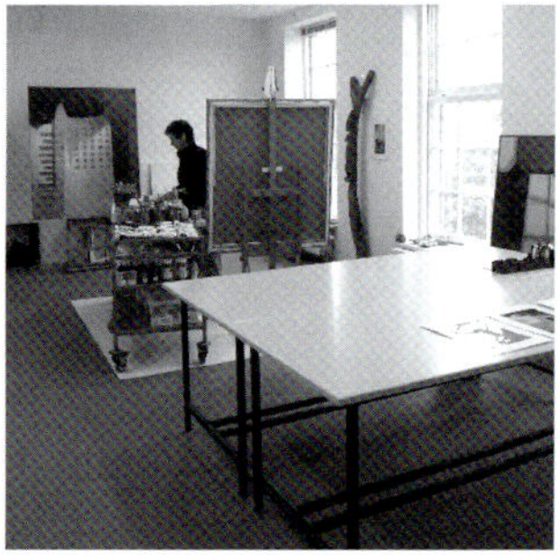

De werken van Maria Megens kenmerken zich door de non-figuratieve, uitgebalanceerde composities. Ze zijn uitgesproken kleurrijk - expressief ofwel verstild - contemplatief. Haar inspiratie haalt zij uit haar reizen (o.a. Afrika - Azië), landschap en architectuur.

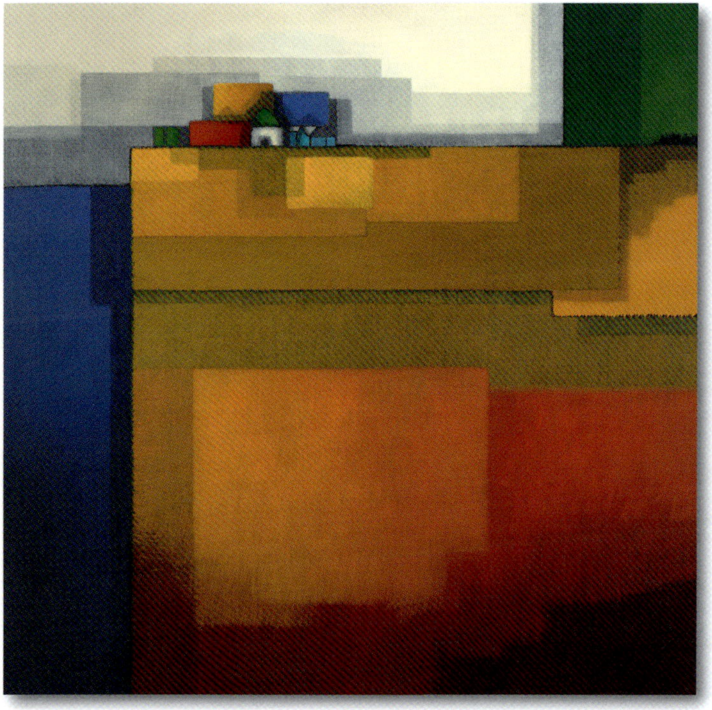

No Title

50944 .../80 - Canvas 90x90 cm

Die Arbeiten von Maria Megens zeichnen sich durch die nicht figurativen, ausbalancierten Kompositionen aus. Diese sind ausgesprochen farbenreich und expressiv oder gedämpft und kontemplativ. Ihre Inspiration holt sie sich sowohl aus ihren Reisen u.a. nach Afrika und Asien, als auch aus Landschaften und Architektur.

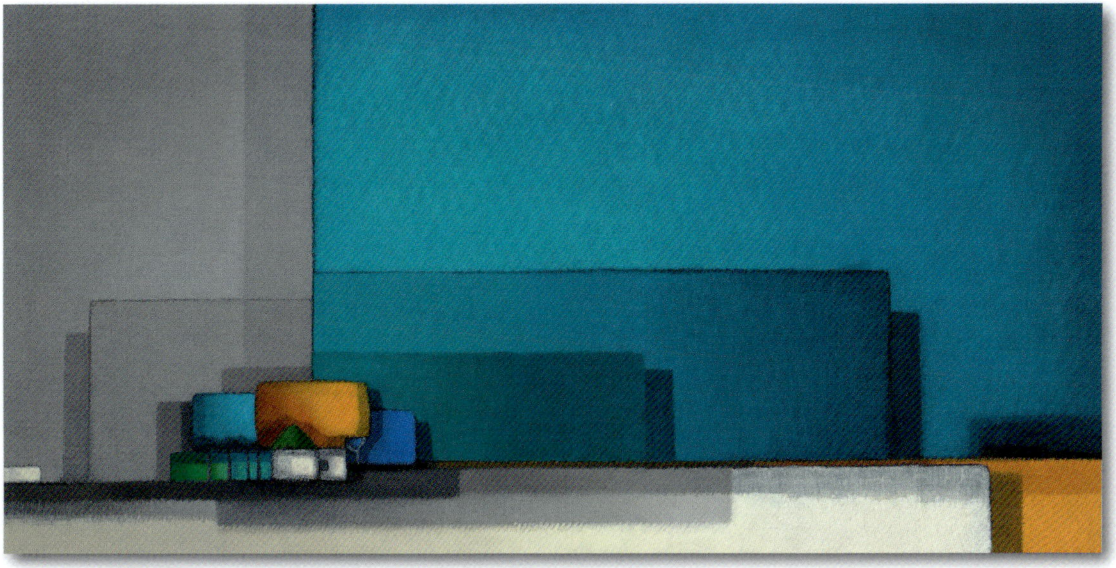

No Title

50945 .../80 - Canvas 45x90 cm

Akinori Miura, 1950

Akinori Miura is firmly ensconced in the Japanese artistic tradition. He paints things as they are. A corncob or a woman draped in a lace-edged sheet; each is no more nor less than what it is. However, the centuries-old tradition of which he is a matchless master allows him to create unique works of art from such “day to day” subjects.

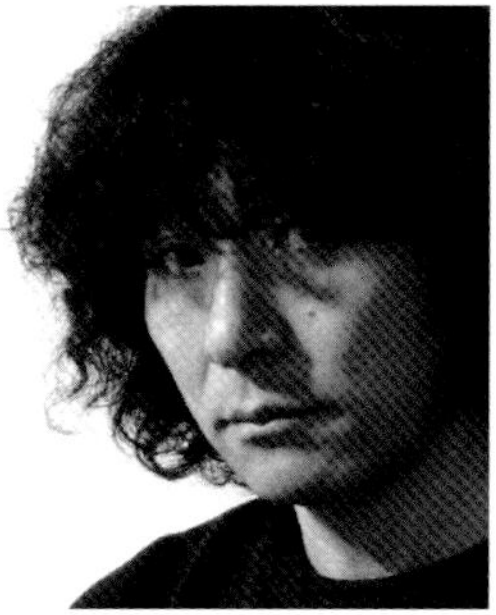

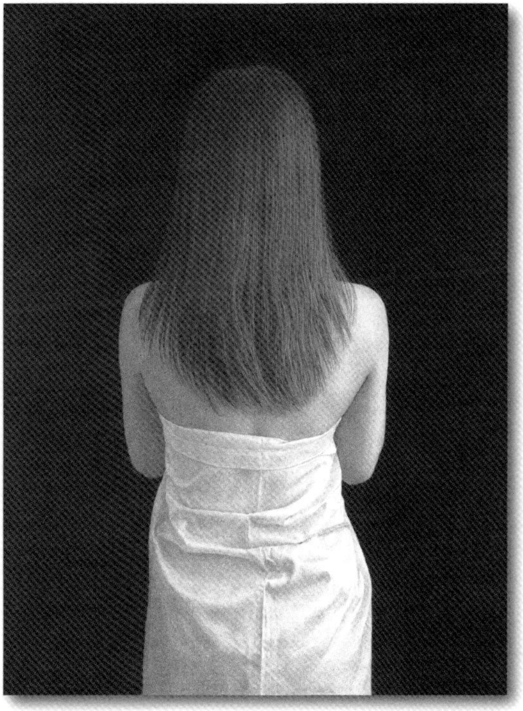

Seraph

51034 .../60 - Canvas 55x40 cm

Akinori Miura werkt in de traditie van de Japanse kunst. Hij beeldt de dingen af zoals ze zijn. Een maïskolf of een vrouw gedrapeerd in een met kant afgezet laken is niet meer of niet minder dan wat het is. Maar door de eeuwenoude traditie die hij op onnavolgbare wijze beheerst, slaagt hij er in om van deze ‘alledaagse’ dingen een uniek kunstwerk te maken.

Akinori Miura arbeitet nach der japanischen Kunsttechnik. Er bildet die Dinge ab so wie sie sind. Ein Maiskolben oder eine Frau in einem mit Spitze abgesetzen Laken drapiert; beides ist nicht mehr und auch nicht weniger als was es ist. Durch die jahrhundertealte Tradition, die er auf unnachahmliche Weise beherrscht, gelingt es ihm jedoch diese alltäglichen Dinge in einzigartige Kunstwerke zu verwandeln.

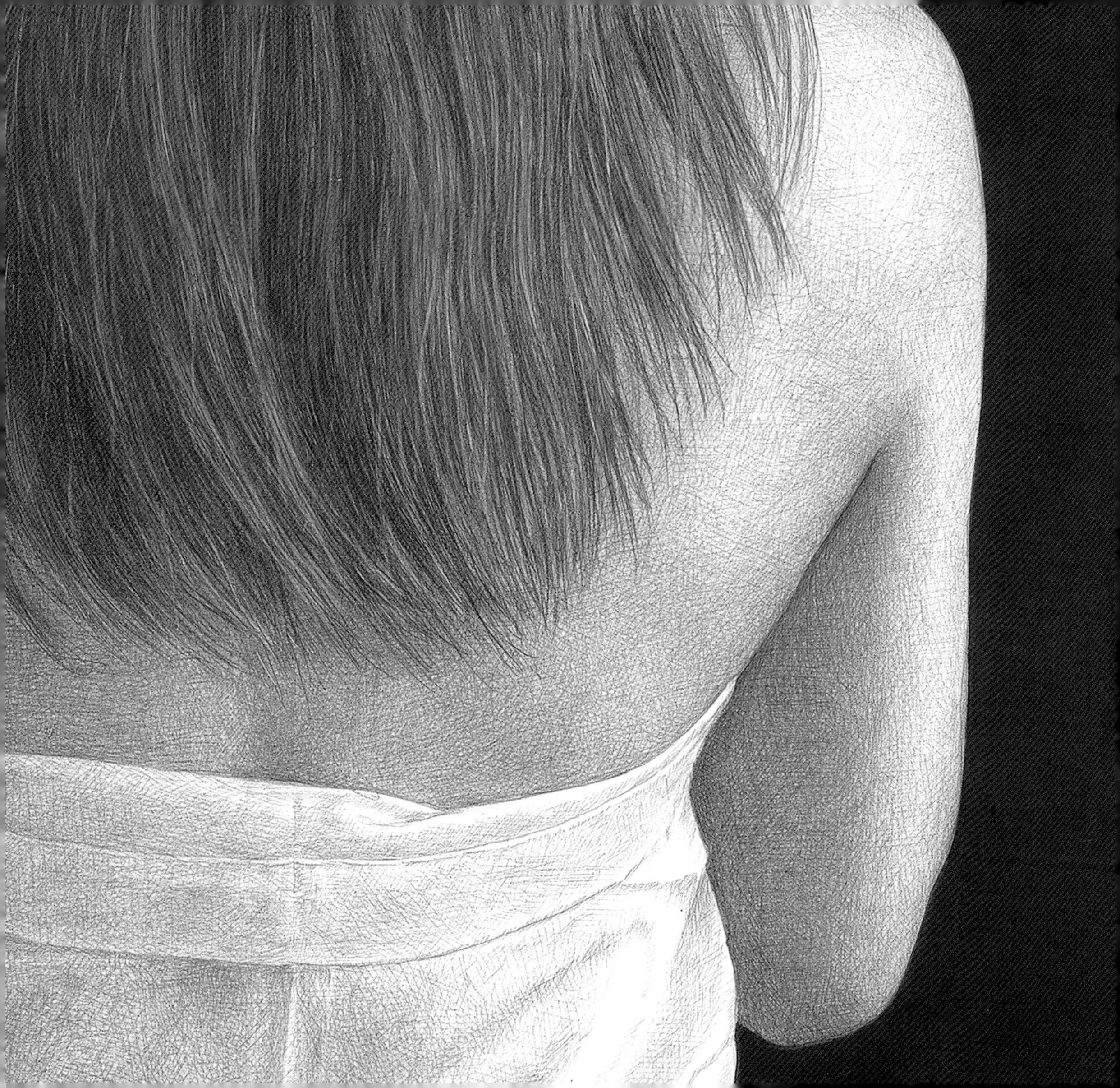

Rob Møhlmann, 1956

Rob Møhlmann has been attempting to define the concept of "realism" in an artistic manner ever since he first put a brush to canvas. This is why he consistently paints his still lifes in a 1:1 ratio to the subject. The newspaper Noordhollands Dagblad defined this appropriately in 1997 as "Realism in its most fervent form".

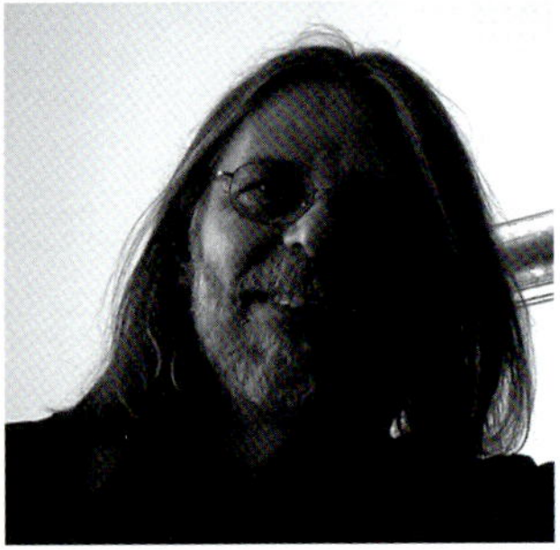

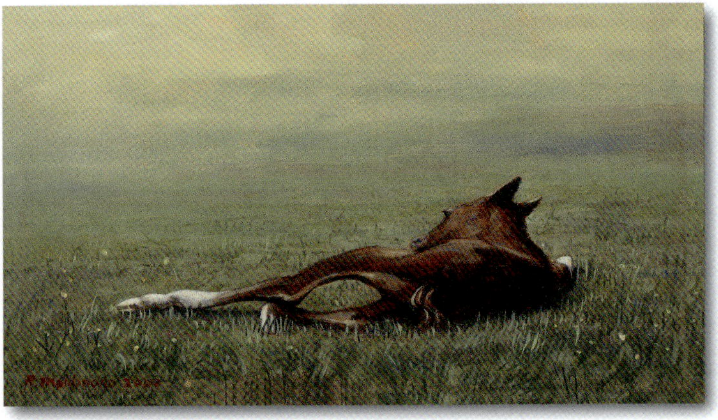

Femke, the first few minutes of a foal I

50995 .../75 - Fine Art Paper 7,5x13,2 cm

Sedert zijn eerste penseelstreek poogt Rob Møhlmann het begrip "werkelijkheid" op artistieke wijze te doorgronden. Overigens schildert hij al zijn stillevens consequent in een verhouding 1:1 in relatie tot de werkelijkheid. Het Noordhollands Dagblad vatte dit alles krachtig samen als "realisme in zijn hevigste vorm".

Seit er seinen ersten Pinselstrich machte versucht Møhlmann das Konzept des Realismus künstlerisch zu ergründen. Dies ist der Grund warum alle seine Stillleben konsequent im Verhältnis 1:1 gemalt sind. Eine Zeitung fasste seinen Stil treffend als ‚Realismus in seiner stärksten Form' zusammen.

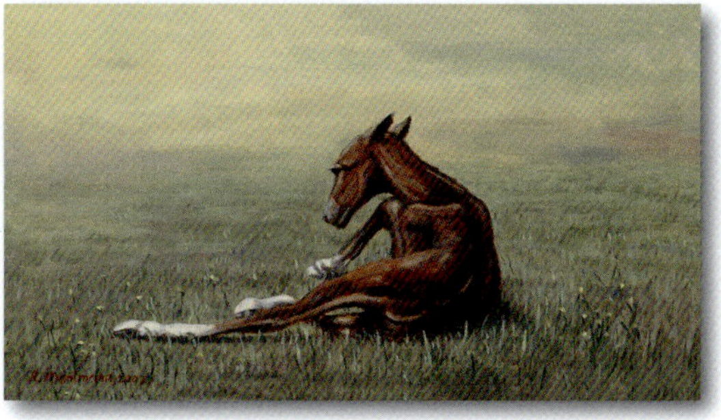

Femke, the first few minutes of a foal 2
50996 ../75 Fine Art Paper 7,5x13,2 cm

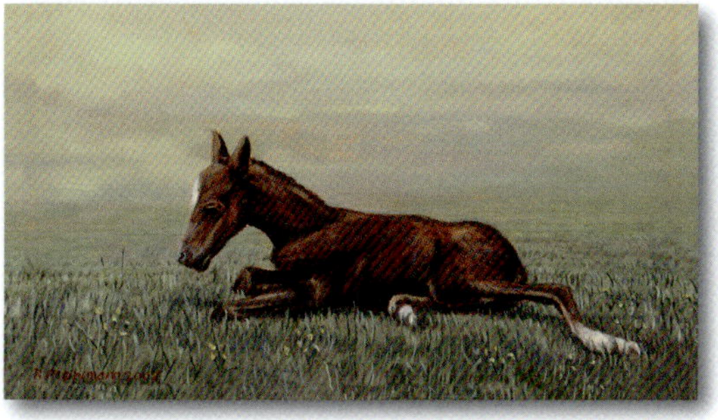

Femke, de eerste levensminuten van een veulen 3
50997 ../75 Fine Art Paper 7,5x13,2 cm

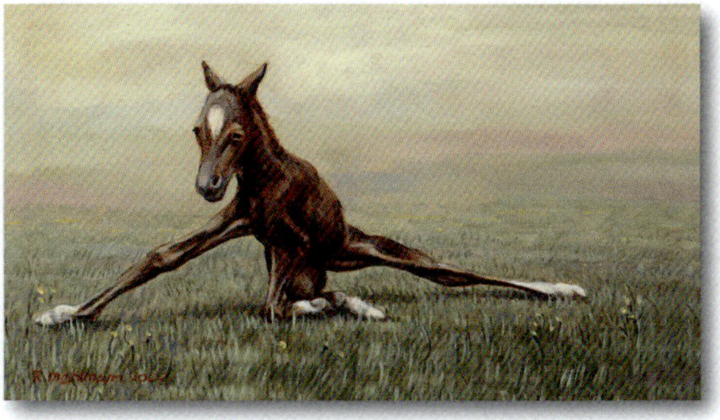

Femke, the first few minutes of a foal 4
50998 ../75 Fine Art Paper 7,5x13,2 cm

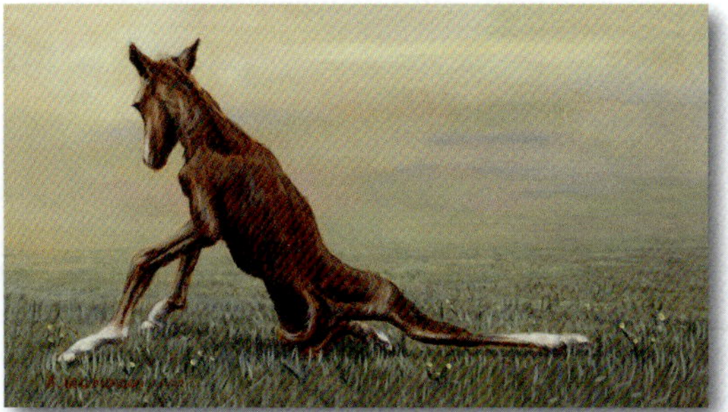

Femke, the first few minutes of a foal 5
50999 ../75 Fine Art Paper 7,5x13,2 cm

Johan Mulder

"I have always loved to paint organic structures, preferably old and weathered. As background, I often used wood structures, until at a certain point the wood itself became the basis for my paintings. I collect old panels and doors on which the animals I paint come out as perfect icons."

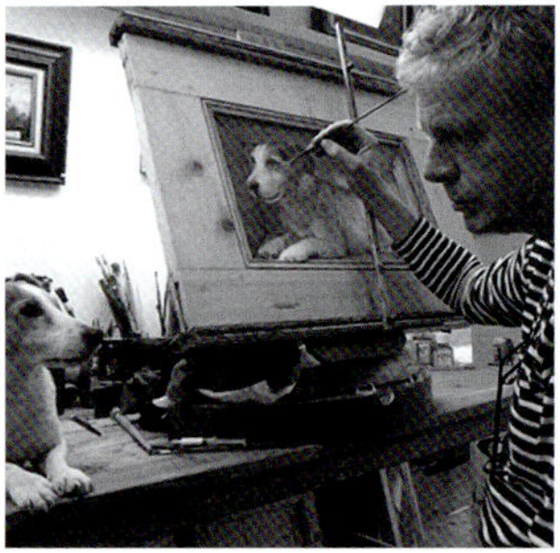

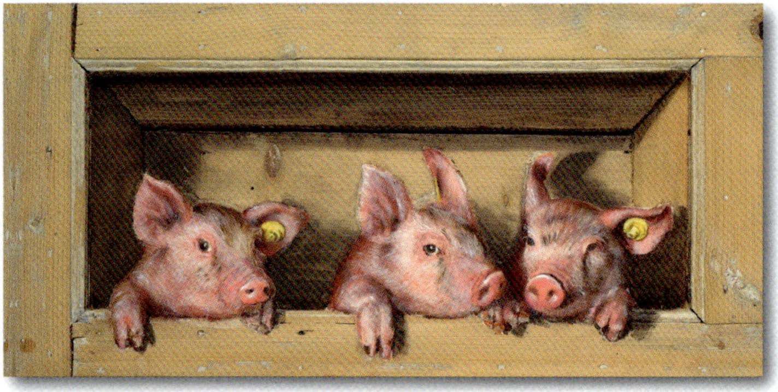

Three on a row

50889 .../40 - Canvas 30x60 cm

"Ik hield er altijd al van om organisch materiaal te schilderen, ' t liefst oud en doorleefd. Als achtergrond paste ik vaak houtstructuren toe, totdat ik op een gegeven moment het hout zelf als basis ging zien voor mijn schilderijen. Ik verzamel oude panelen en deuren waartegen de dieren die ik wil schilderen perfect uitkomen."

"Mir gefiel es schon immer, organisches Material zu malen, am liebsten alt und verwittert. Als Hintergrund verwendete ich oft Holzstrukturen, bis ich einiges Tages begann das Holz selbst als Ausgangspunkt für meine Bilder zu sehen. Ich sammle alte Bretter und Türen, auf denen die Tiere die ich male perfekt hervorkommen."

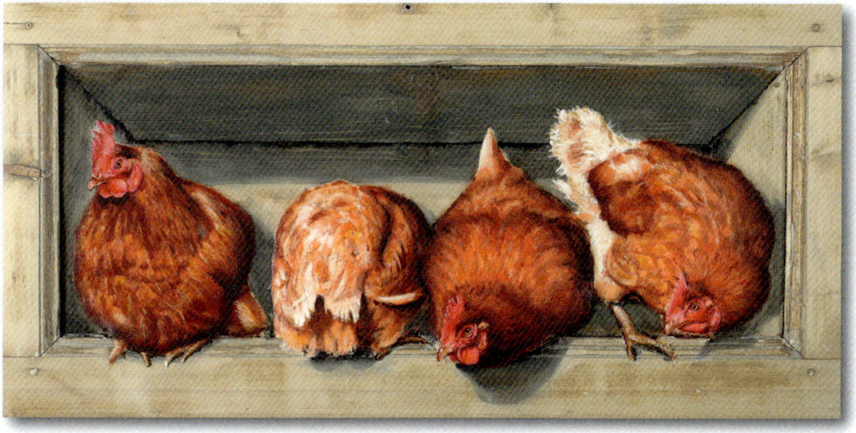

Henhouse
50887 ../40 Canvas 35x70 cm

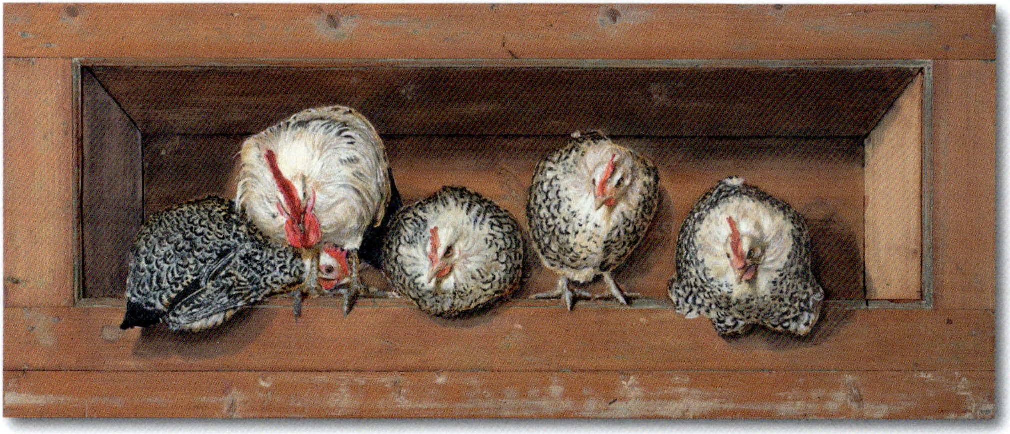

Henhouse
50888 ../40 Canvas 40x95 cm

Erik van Ommen, 1956

Erik creates figurative work in the tradition of the Northern Realists, and has exhibitions at home and abroad. "Art and nature are inextricably connected, as far as I'm concerned, and I see it as my duty as an artist to take pains to preserve those things that inspire me."

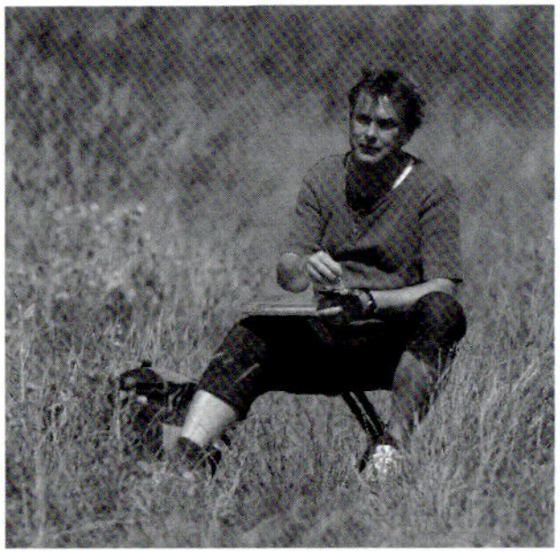

Erik maakt figuratief werk in de traditie van de Noordelijke Realisten en exposeert in binnen- en buitenland. "Kunst en natuur zijn voor mij onlosmakelijk verbonden en ik zie het dan ook als mijn taak me als beeldend kunstenaar in te zetten voor het behoud van datgene wat mij inspireert"

Erik schafft figurative Kunstwerke in der Tradition der nordniederländischen Realisten und seine Arbeiten werden im In- und Ausland ausgestellt. „Kunst und Natur sind für mich untrennbar miteinander verbunden. Ich als Bildender Künstler sehe es deshalb auch als meine Pflicht an, mich einzusetzen und das was mich inspiriert zu beschützen."

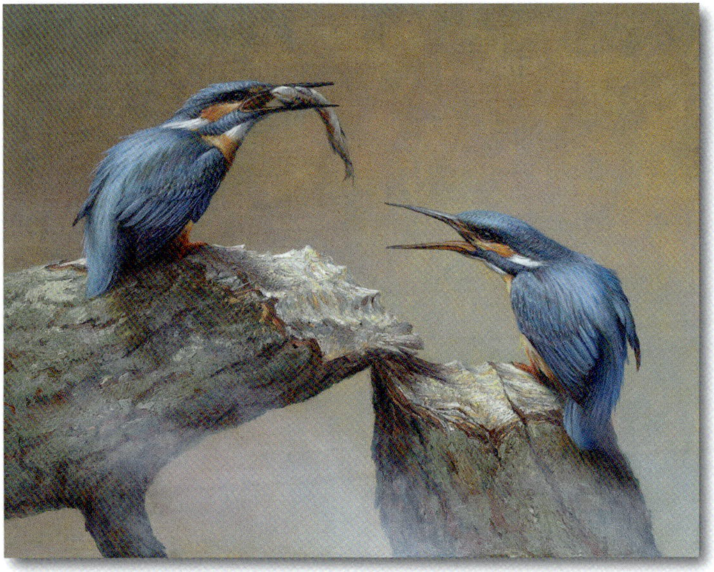

Feeding Kingfishers

51010 .../125 - Canvas 24x30 cm

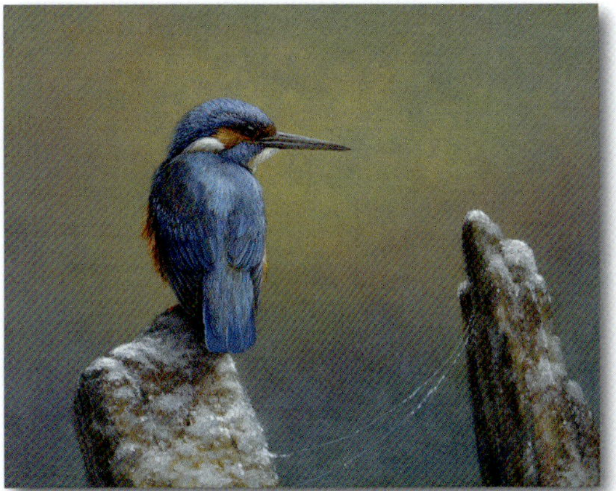

Kingfisher
50877 ../125 Canvas 24x30 cm

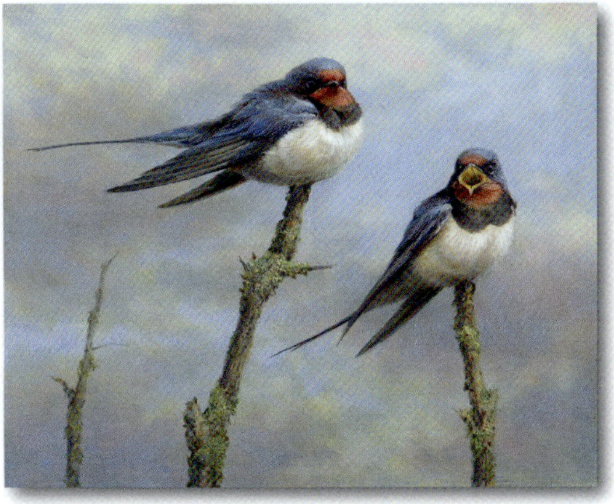

Barn swallows
50878 ../125 Canvas 24x30 cm

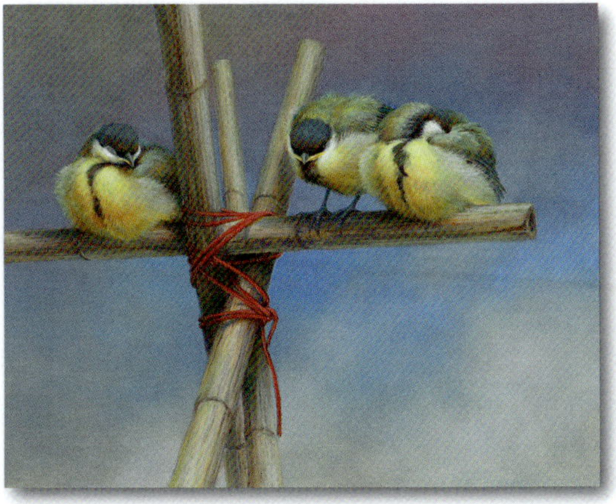

Young Great Tits
50946 ../125 Canvas 24x30 cm

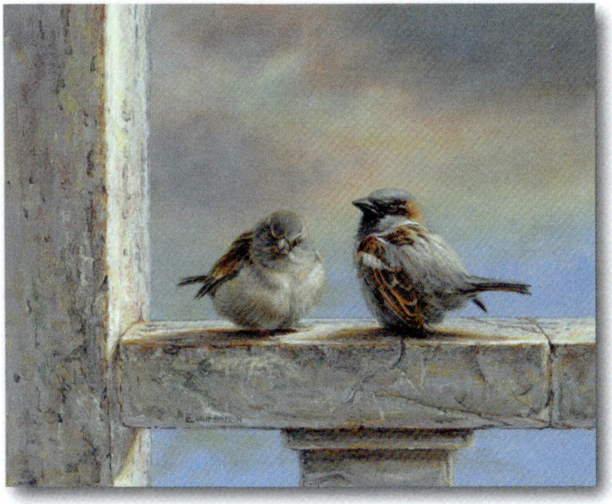

Sparrows
50947 ../125 Canvas 24x30 cm

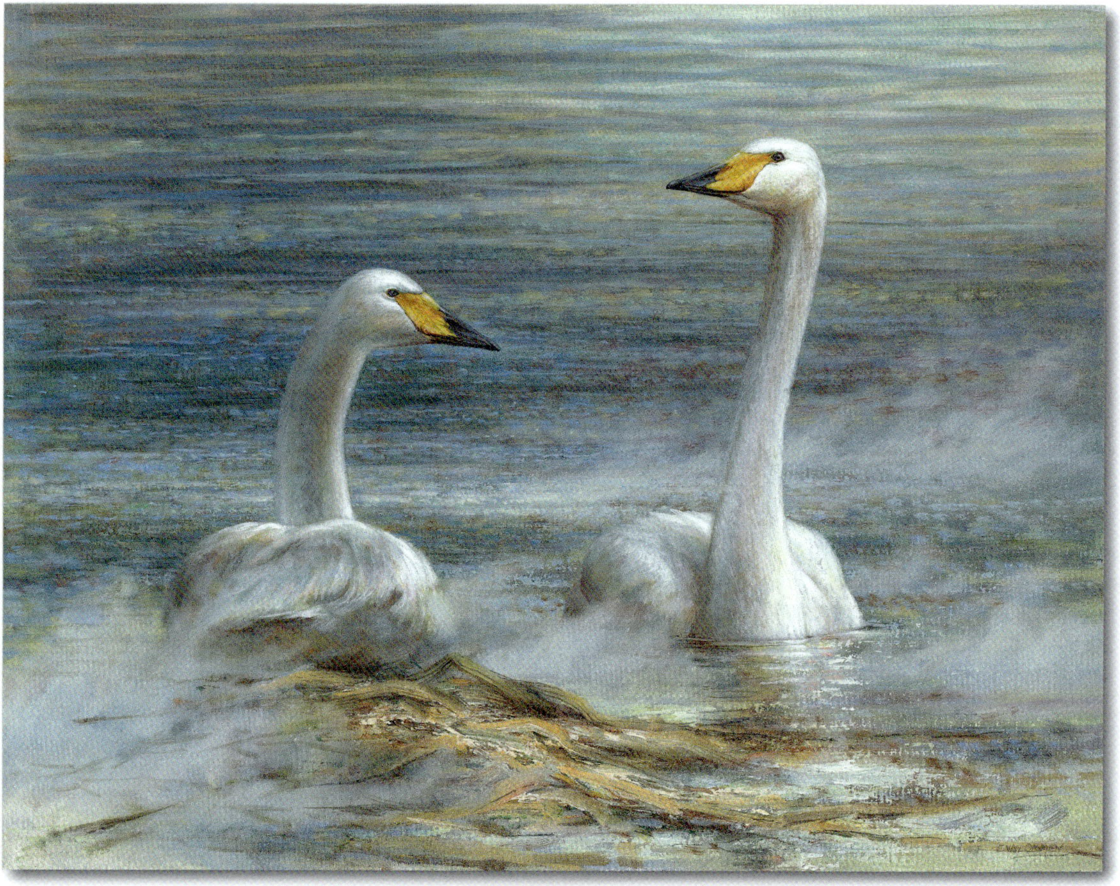

Two Whooper Swans

51006 .../60 - Canvas 55x70 cm

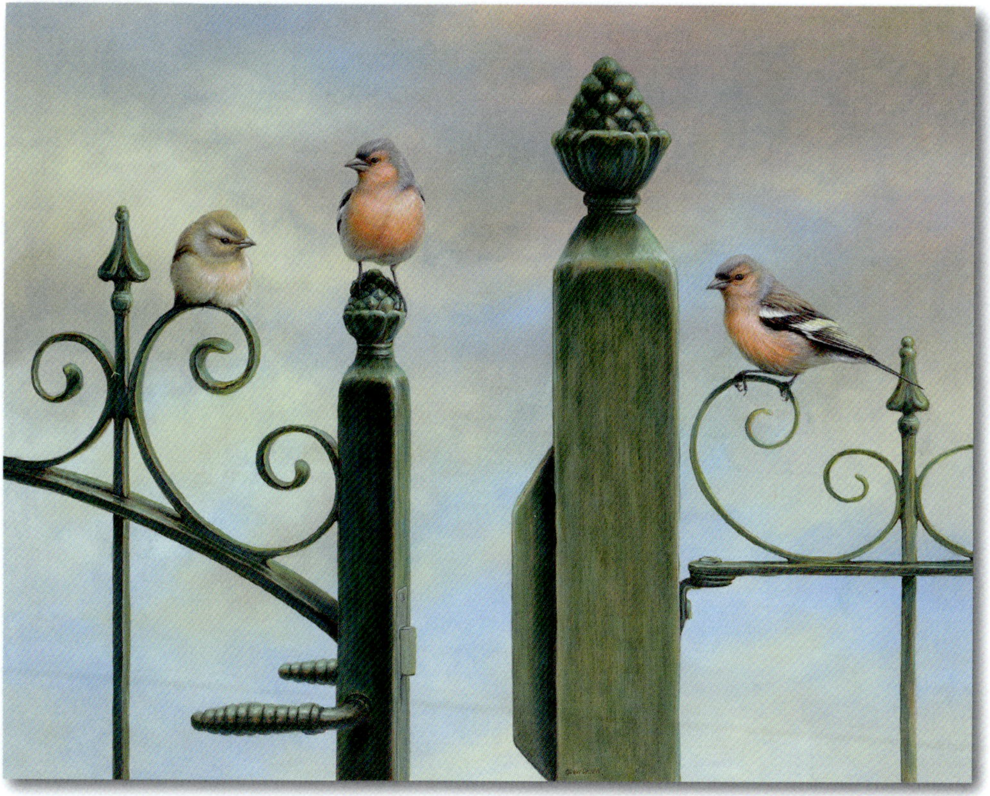

Finches perched on a fence

50879 .../60 - Canvas 40x50 cm

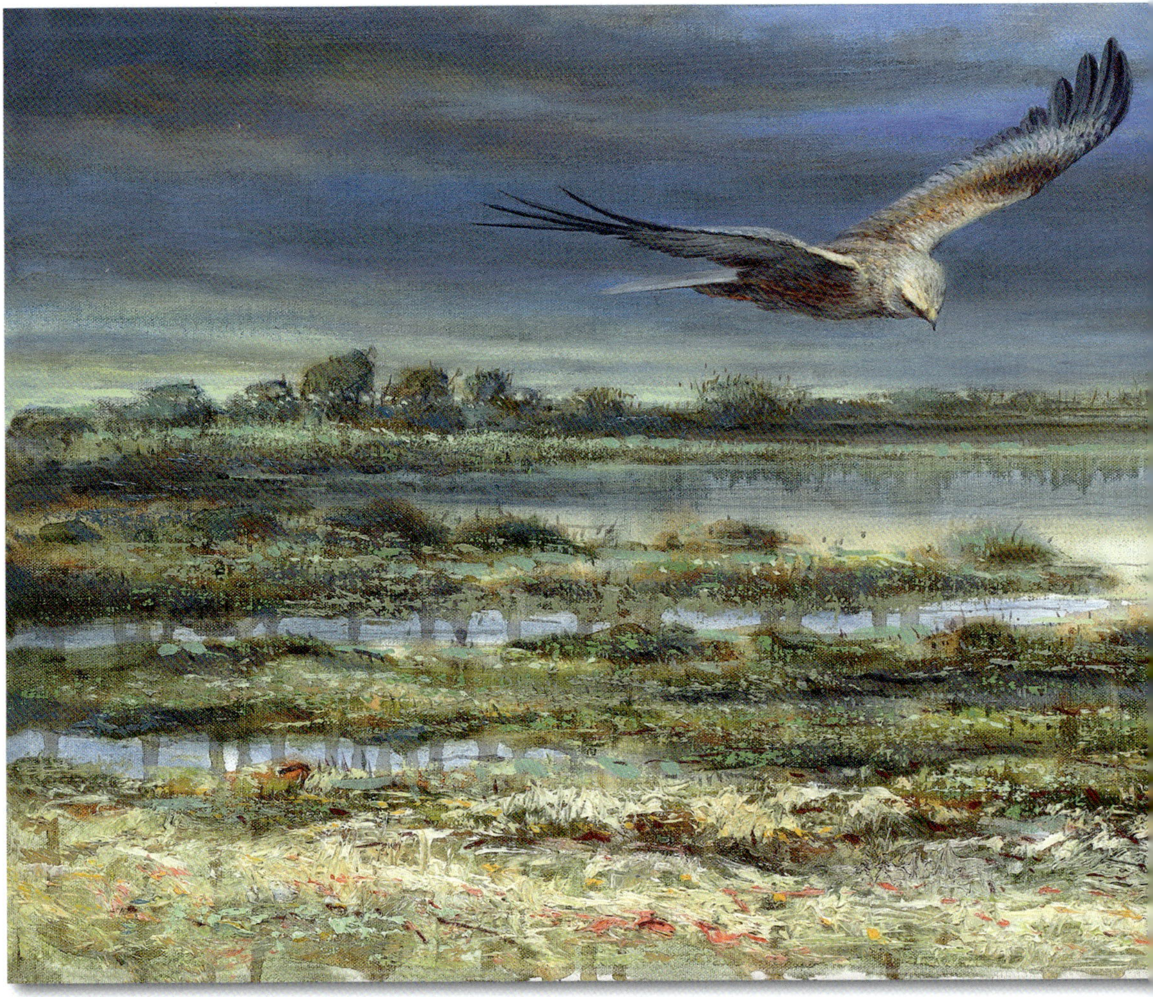

Marsh Harrier

51007 .../90 - Canvas 30x70 cm

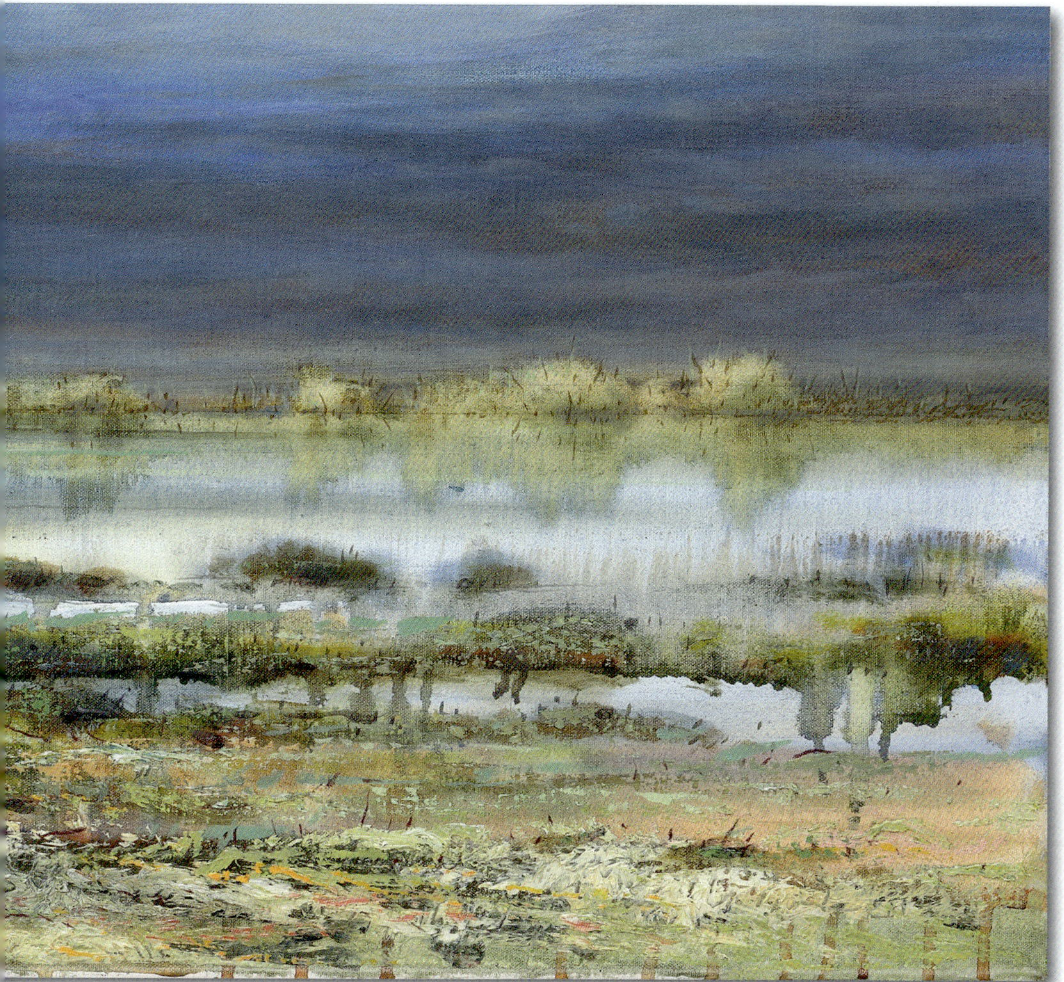

Theo Onnes, 1957

Theo is a figurative artist especially known for his paintings of cattle and goats. The wonderful countryside of Groningen is also for him an inexhaustible source of inspiration, with its ditches, dikes and wide expanses. With his paintings Theo strives to arouse emotion, poignancy and a sense of identification within the heart of the observer.

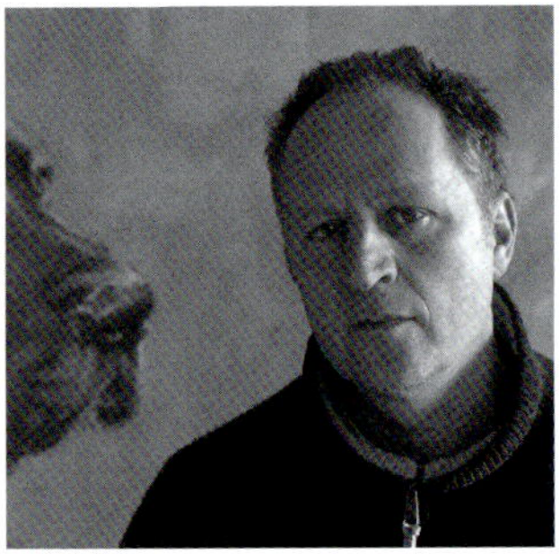

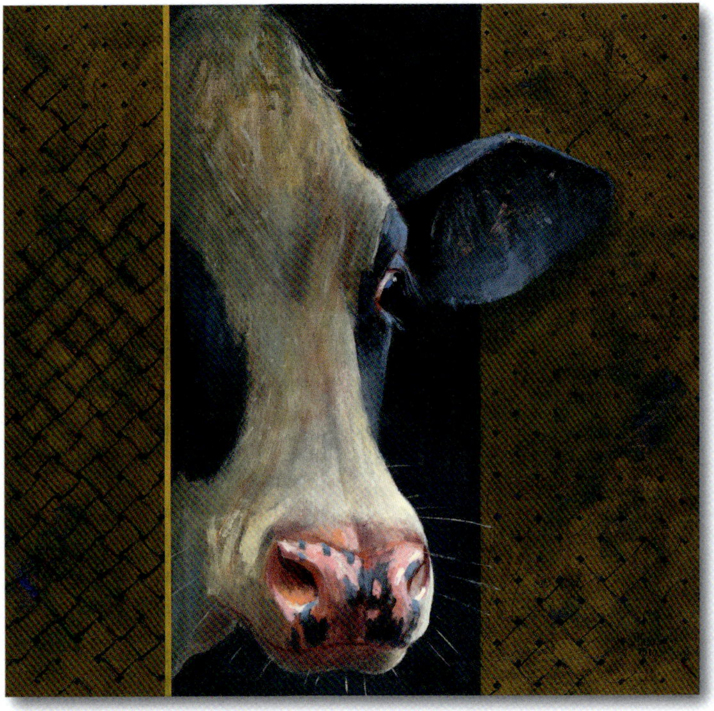

Cow

50949 .../50 - Canvas 90x90 cm

Theo Onnes is beeldend kunstenaar en bekend geworden door zijn schilderijen van koeien en geiten. Het prachtige Groninger platteland met zijn bewoners is voor hem een onuitputtelijke inspiratiebron. Theo wil met zijn schilderijen bij de kijker emotie, ontroering en herkenning opwekken.

Der Bildende Künstler Theo Onnes ist bekannt geworden durch seine Gemälde von Kühen und Ziegen. Das herrliche ländliche Umland von Groningen mit seinen Bewohnern ist sein unerschöpflicher Quell der Inspiration. Der Künstler möchte durch seine Werke Emotionen, Bewegtheit und ein Gefühl der Identifikation im Betrachter wecken.

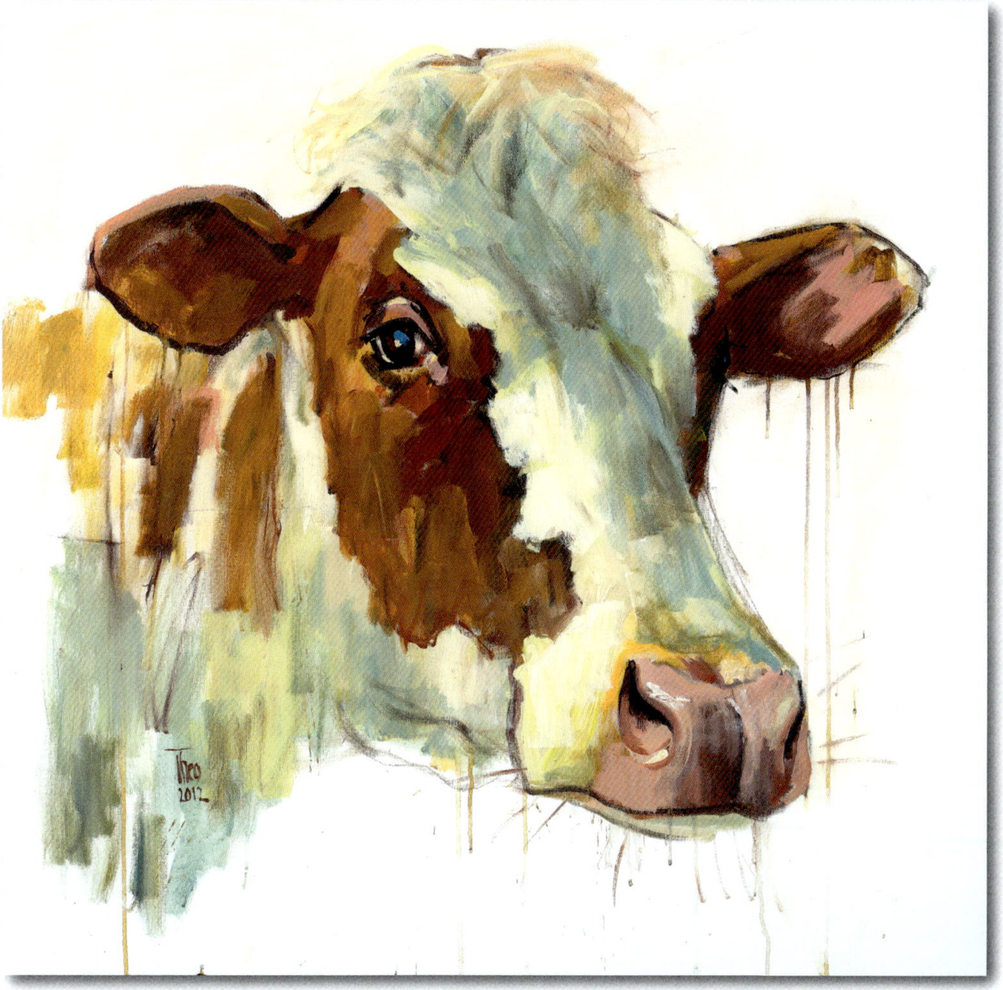

Red Holstein

51004 .../60 - Canvas 95x95 cm

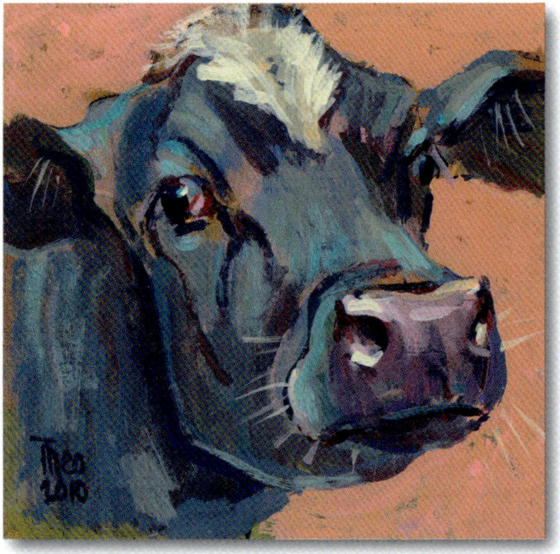

Nanda

50982 .../120 - Canvas 20x20 cm

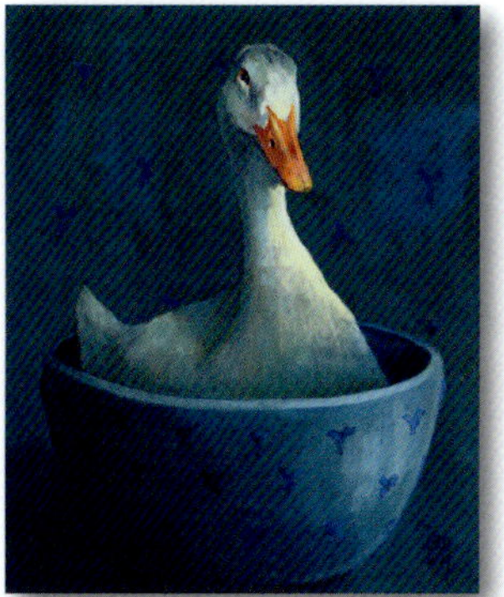

Bath ducky
50736 ../90 Canvas 50x40 cm

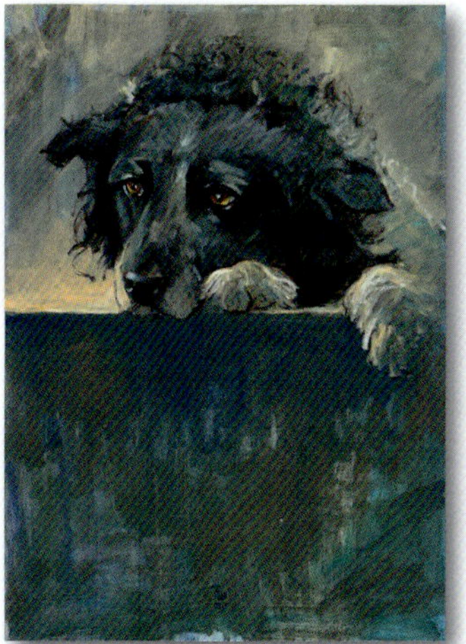

Woef
50891 ../25 Canvas 80x55 cm

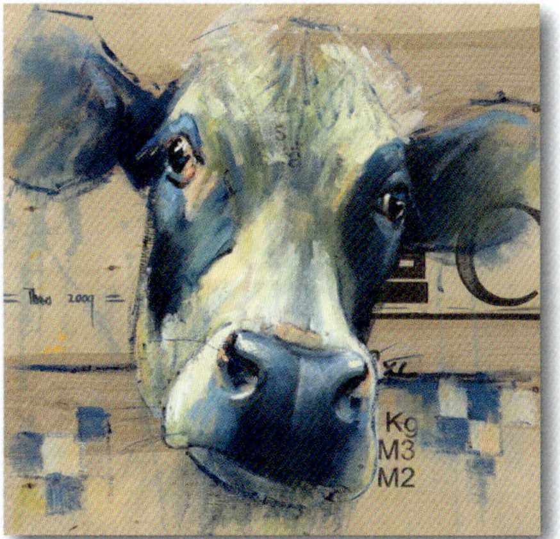

Black and white Holstein cow
50948 ../50 Canvas 50x50 cm

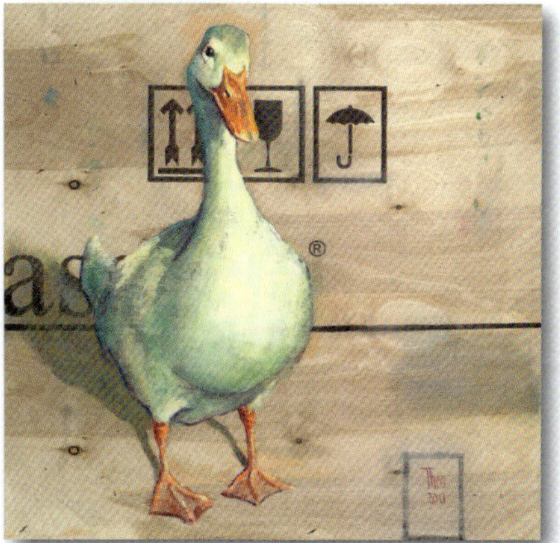

Duck
50950 ../50 Canvas 50x50 cm

Jasper Oostland, 1976

The work of Jasper Oostland from Groningen is guaranteed to raise a smile. He has created his own niche: he places animals in a human situation, precisely painted, cartoon-like, and sharply and wittily observed. The colours are bright and the paintings full of humorous details. He introduces a narrative, and allows the viewer to imagine the rest of the story for himself.

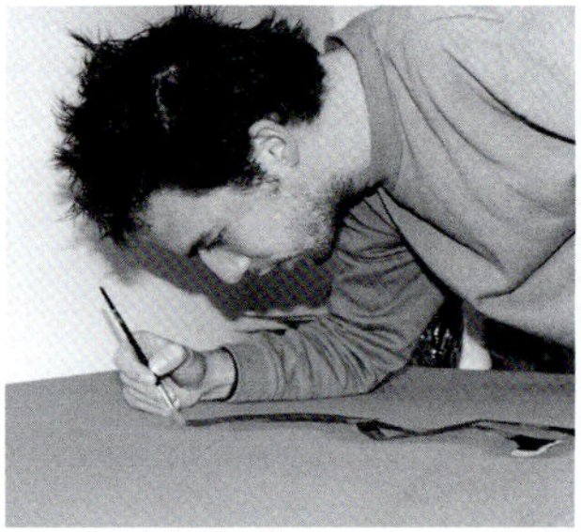

Het werk Jasper Oostland doet je altijd op zijn minst glimlachen. Door dieren in een menselijke context te plaatsen heeft hij een heel eigen stijl ontwikkeld: uiterst minutieus geschilderde, trefzekere cartooneske voorstellingen in heldere kleuren, vol geestige details. Het zijn aanzetten tot verhalen waar de kijker zelf mee aan de gang mag gaan.

Die Arbeiten des Groninger Künstlers Jasper Oostland rufen immer zumindest ein Lächeln hervor. Mit seiner Kunst, in der er Tiere in einer menschlichen Situation darstellt, hat er seinen ganz eigenen Stil entwickelt. Oostland versteht es in seinen Werken den Anfang einer Geschichte zu schaffen und überlässt es dem Betrachter diese selbst fortzusetzen.

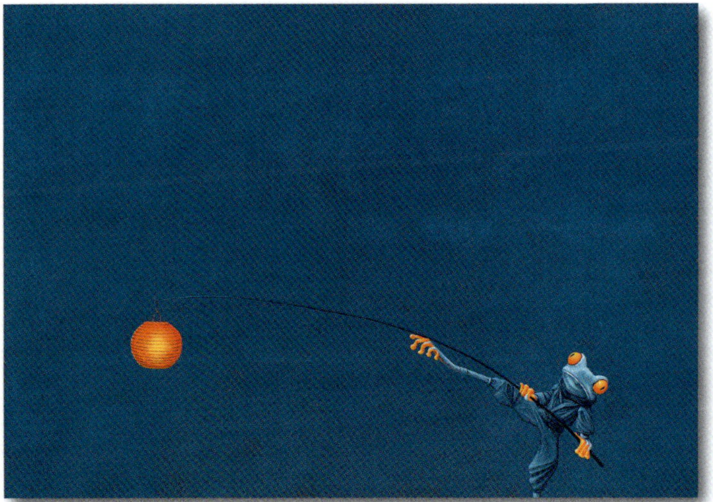

Lampion

51003 .../190 - Fine Art Paper 50x70 cm

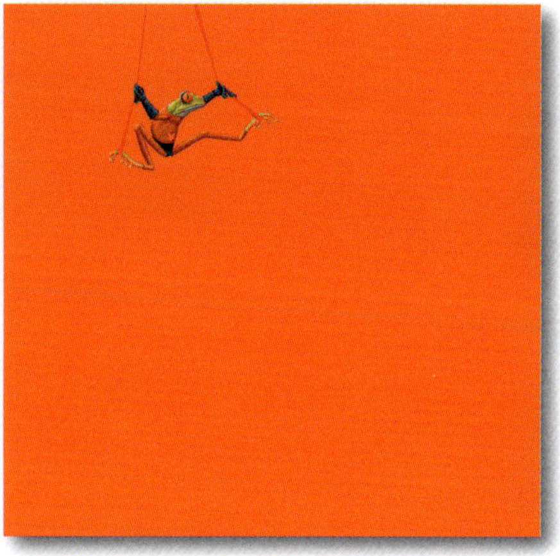

Star
50737 ../190 Fine Art Paper 50x50 cm

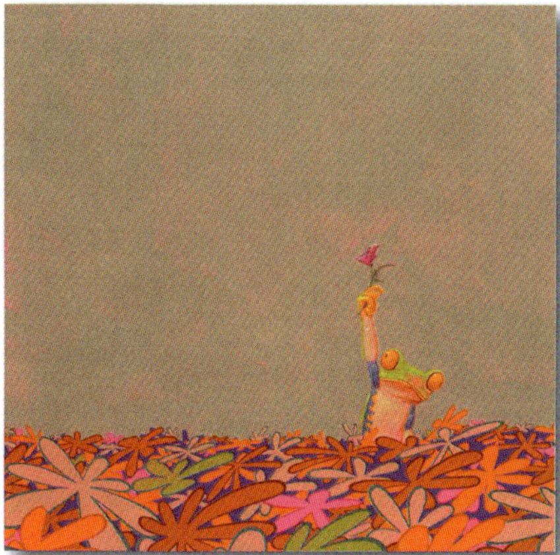

Rose
50890 ../190 Fine Art Paper 50x50 cm

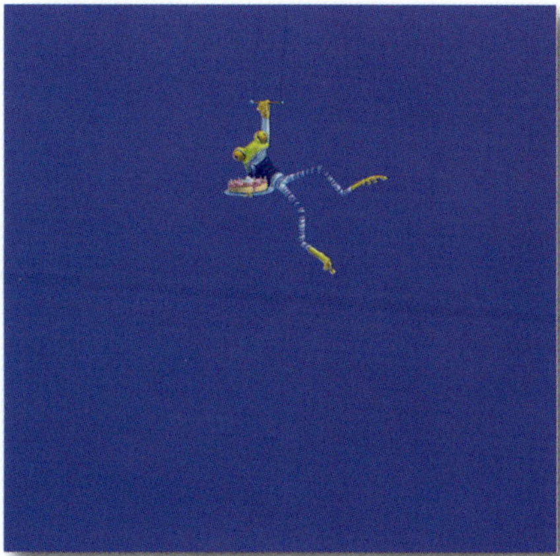

Blue
50952 ../190 Fine Art Paper 50x50 cm

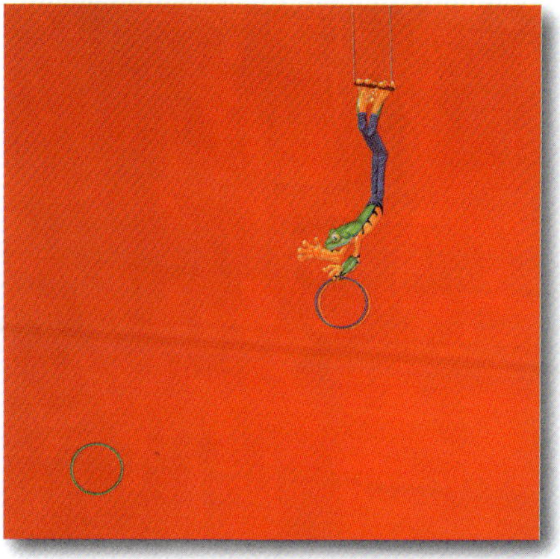

Rings
50951 ../190 Fine Art Paper 50x50 cm

Peter van der Ploeg, 1954

Peter van der Ploeg turns to landscape to find his subject matter. This is where he finds stillness, tension, loneliness or danger. Human beings, whether actually present or not, are mostly the cause of the subdued tension. People and nature are entwined, eventually attaining a state of harmony together.

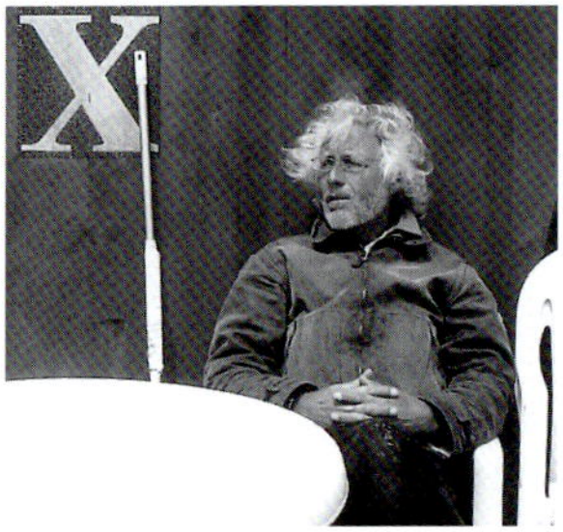

Peter van de Ploeg vindt zijn onderwerpen in het landschap. Daar ontstaan begrippen als stilte en spanning, eenzaamheid of dreiging. De mens al dan niet lijfelijk aanwezig, is vaak veroorzaker van die stille spanning. De bijna fotografische verbeelding is daarbij een medium.

Peter van der Ploeg findet die Inspiration für seine Kunstwerke in Landschaften und der Natur. Dort erlebt er Begriffe wie Stille und Spannung, Einsamkeit oder Bedrohung. Der Mensch, auch wenn er nicht immer physisch anwesend ist, ist dennoch oft der Verursacher von unterschwelligen Spannungen.

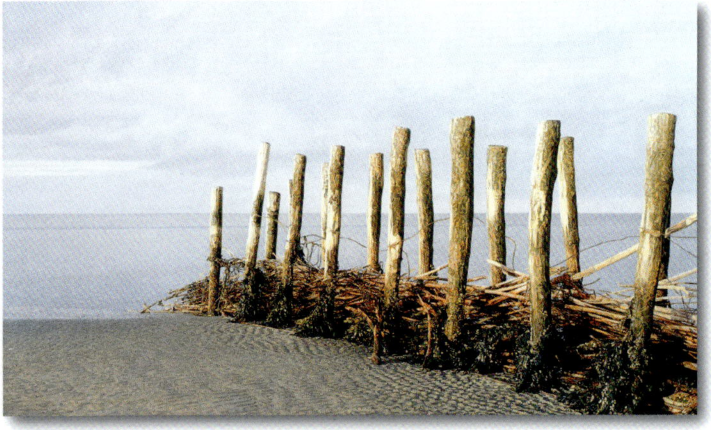

Mudflats

50954 .../110 - Fine Art Paper or Canvas 30x50 cm

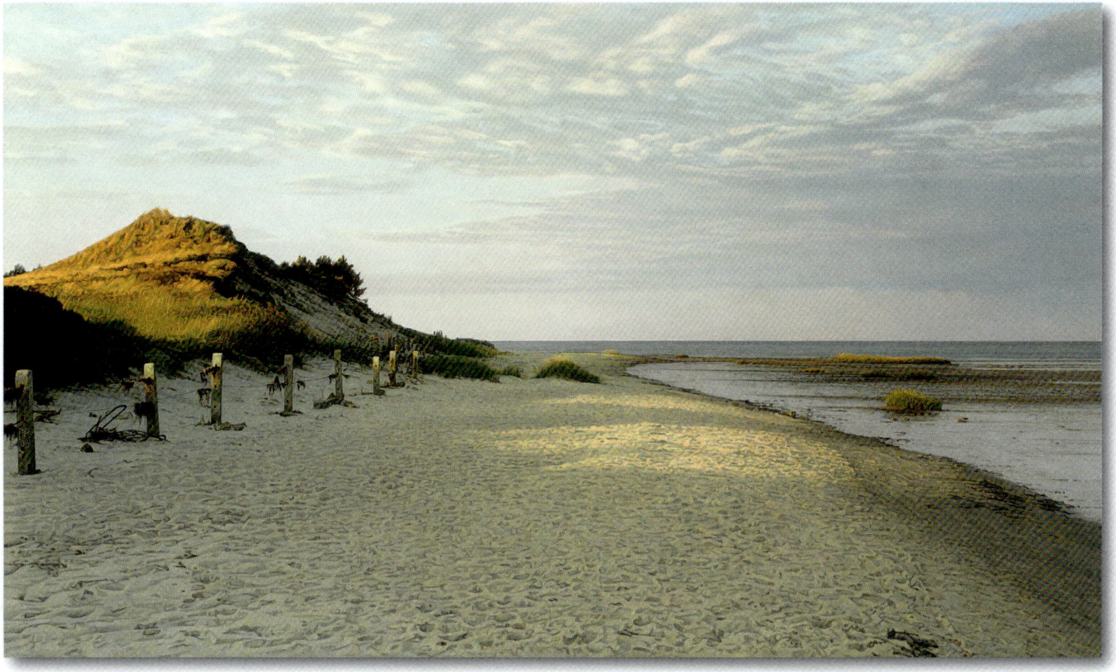

Rømø

50955 .../110 - Fine Art Paper or Canvas 30x50 cm

Gerriet Postma, 1932 - 2009

Postma put his heart and soul into his paintings. He was concerned not so much with beauty as with sincerity. A good painting is an honest painting, born of an undiluted urge for expression. But there is more. Postma's method not only reflects the most private expression of the most private emotions, but also a quest for the secret behind the material, for the effects of different layers of paint, for tension as opposed to balance.

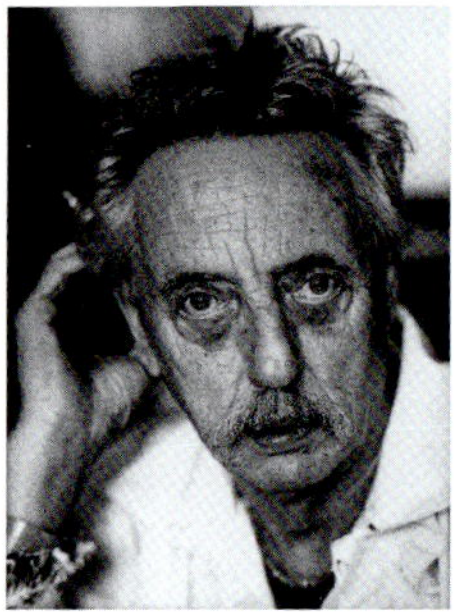

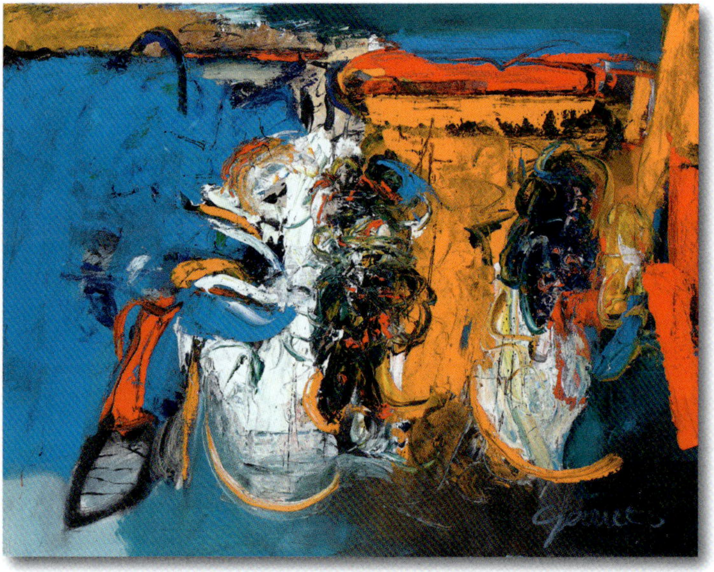

Landscape

50959 .../90 - Canvas 100x125 cm

'Ik ben alleen maar verf', was de lijfspreuk van Gerriet Postma. En zo was het. Maar er is meer. Postma's wijze van werken sprak niet alleen van de allerindividueelste expressie van een allerindividueelste emotie, maar ook van een zoektocht. Naar het geheim achter de materie, naar het effect van verschillende lagen verf over elkaar, naar spanning versus evenwicht.

"Ich bin nur Farbe", so lautete das Lebensmotto von Gerriet Postma. Und so war es. Postma's Arbeitsweise zeigte nicht nur den höchstpersönlichen Ausdruck einer höchstpersönlichen Emotion, sondern auch eine Suche. Eine Suche nach den Geheimnissen hinter der Materie, nach den Effekten von verschiedenen Schichten Farbe übereinander, nach Spannung im Gegensatz zu Gleichgewicht.

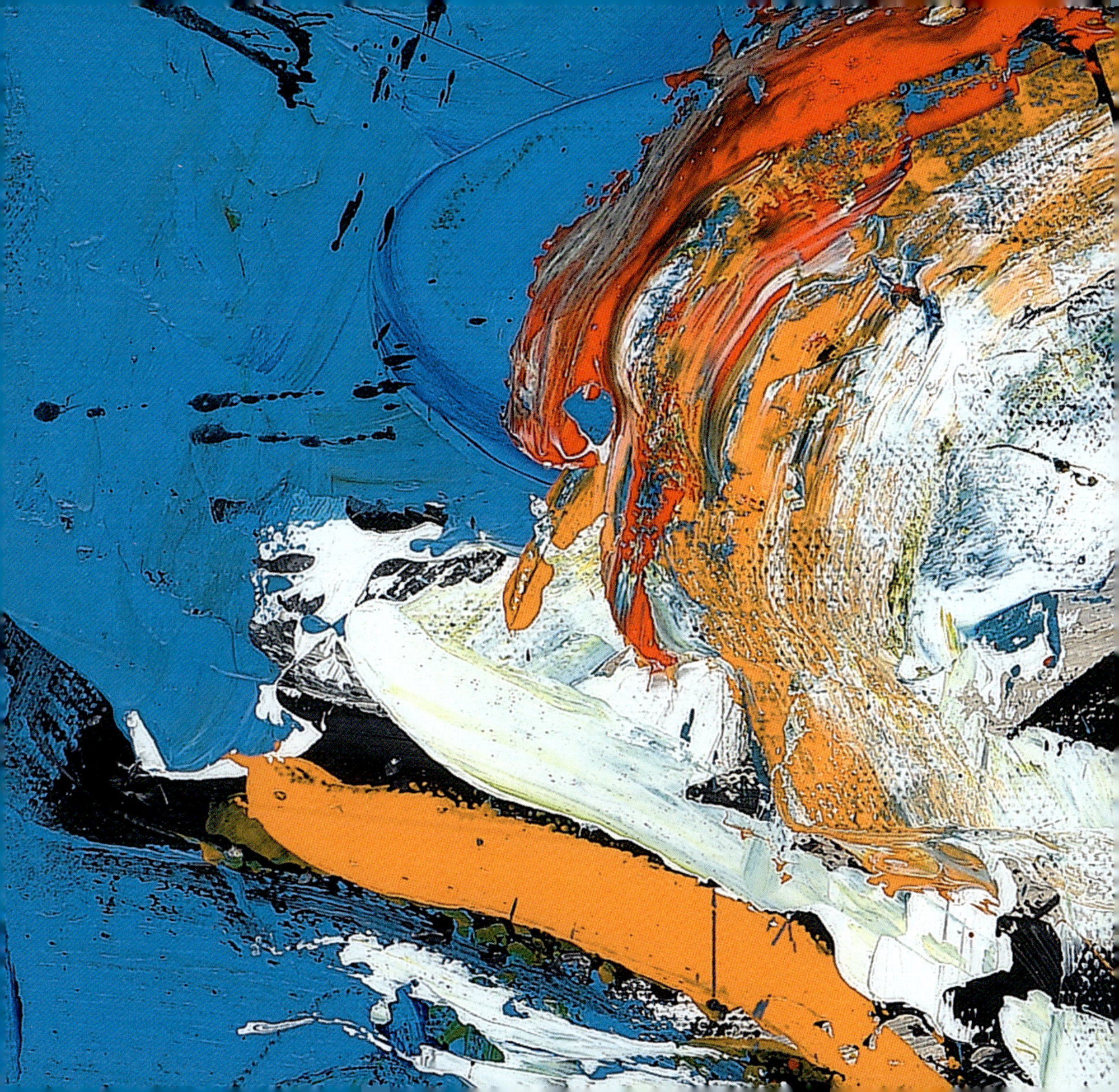

Carla Rodenberg, 1941

Carla Rodenberg is principally celebrated for her portraits, of which the red, white and blue official portrait of Queen Beatrix is perhaps the most well known. Another fascination is the painting of flowers. This is less restrictive, and gives her the freedom to paint what she pleases, in the style of her choice. Her exuberance and passion leap out from the canvas.

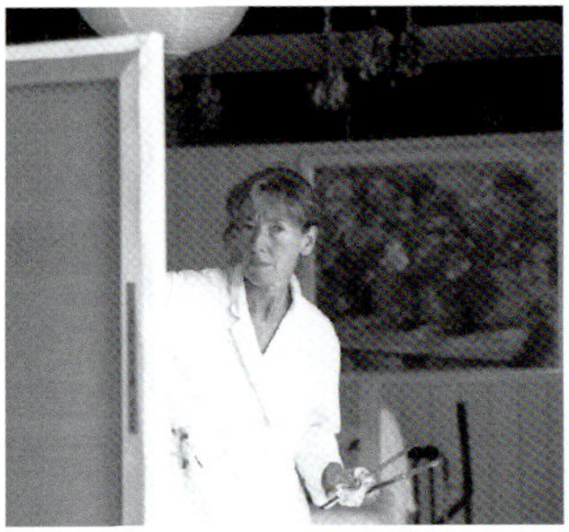

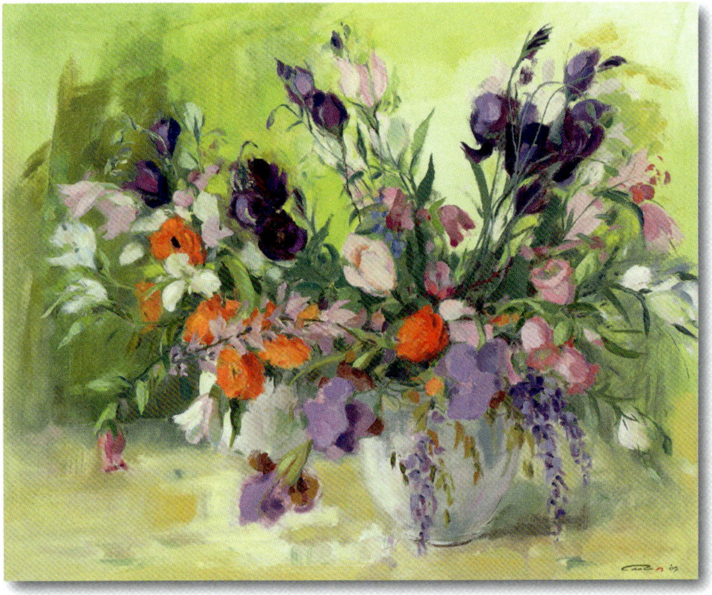

Purple flowers still life

50873 .../60 - Canvas 50x60 cm

Carla Rodenberg geniet vooral bekendheid door haar portretten. Het rood-wit-blauwe staatsieportret van koningin Beatrix is wellicht het bekendst. Een andere passie is het schilderen van bloemschilderijen. Hierin is ze helemaal vrij en mag ze helemaal zelf weten wat en ook hoe ze het verbeeldt. Uitbundigheid en passie spatten van het doek.

Carla Rodenberg ist an erster Stelle Porträtmalerin, wodurch sie auch ihre Bekanntheit erreichte. Ihr wohl berühmtestes Gemälde ist das rot-weiß-blaue Porträt von Königin Beatrix. Eine zweite Leidenschaft der Künsterlin ist das Malen von Blumengemälden. Hier ist sie völlig frei, weniger eingeschränkt und genießt die Freiheit selbst zu bestimmen wie sie Dinge abbildet. Diese Ausgelassenheit und Leidenschaft sprechen aus ihren Bildern.

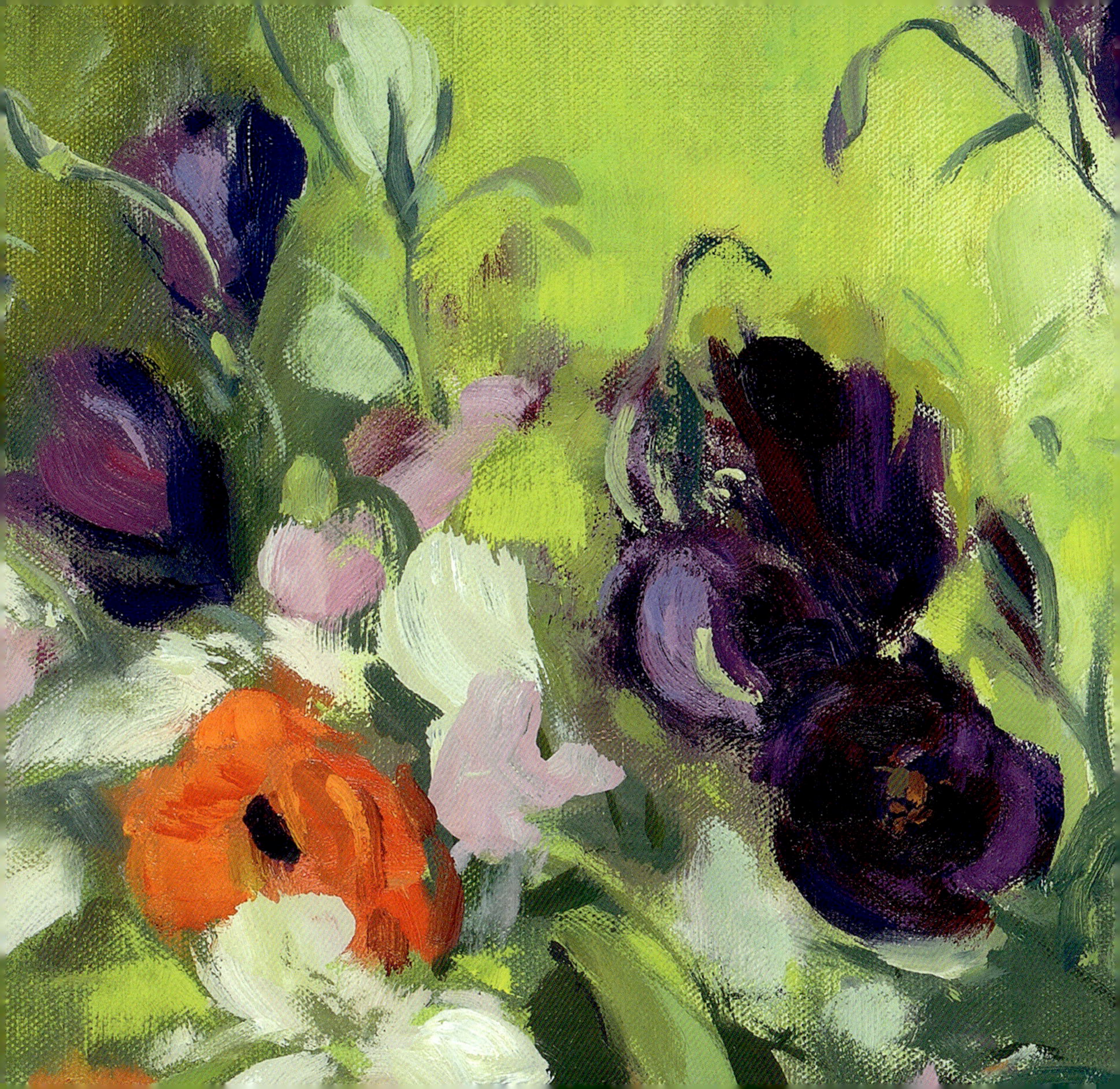

Martin Sijbesma, 1968

"The history of the art of painting has taught me that realism has never entirely disappeared. It is a leitmotif throughout all painting, with its various avenues of approach. I aim to portray peace and to create an atmosphere of warmth, romance and nostalgia by means of a careful combination of object and colour."

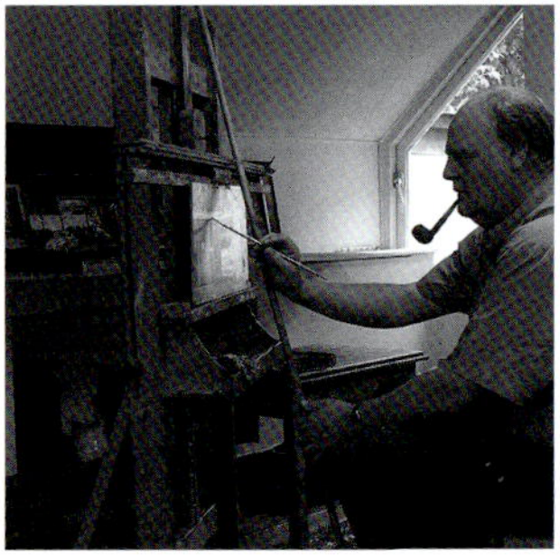

"De geschiedenis van de schilderkunst leert mij dat het realisme nooit geheel is verdwenen. Het is een rode draad door de schilderkunst met diverse invalshoeken. Door de juiste combinatie van object en kleur wil ik rust uitbeelden en een sfeer van warmte, romantiek en nostalgie creëren."

„Die Geschichte der Malerei hat mir gezeigt, dass der Realismus nie ganz verschwunden ist. Er zieht sich vielmehr wie ein roter Faden mit verschiedensten Blinkwinkeln durch sie hindurch. Indem ich Gegenstände und Farben sorgfältig kombiniere, möchte ich Ruhe darstellen und eine warme, romantische und nostalgische Atmosphäre schaffen."

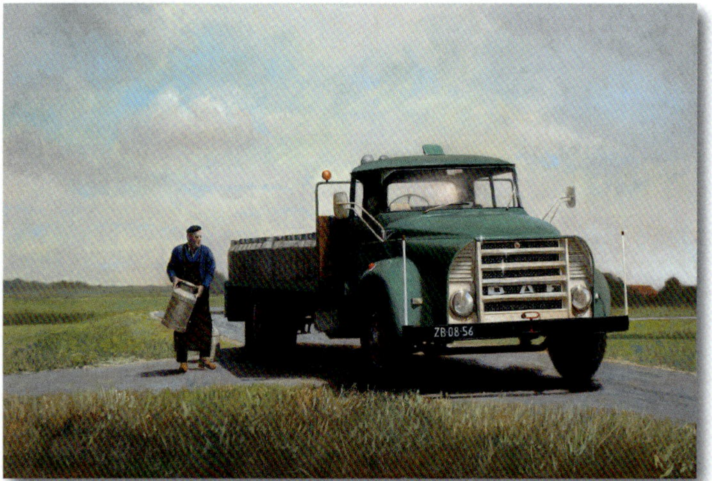

The Milkman

50962 .../40 - Canvas 55x80 cm

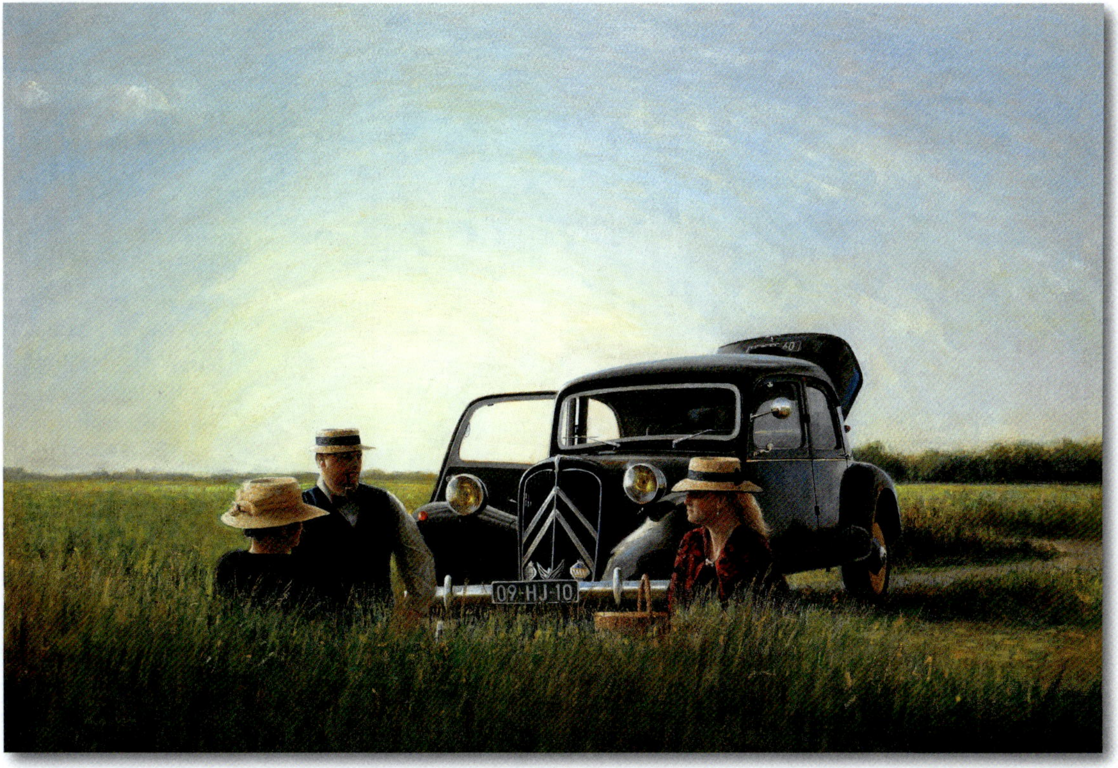

A summer's day in the country

50961 .../40 - Canvas 55x80 cm

Heleen van der Tuin, 1945

The work of the Groningen artist Heleen van der Tuin is characterized by the use of bright and glowing colours. Her abstract works are springs of colour, in which contrasts of light and dark take a special place.

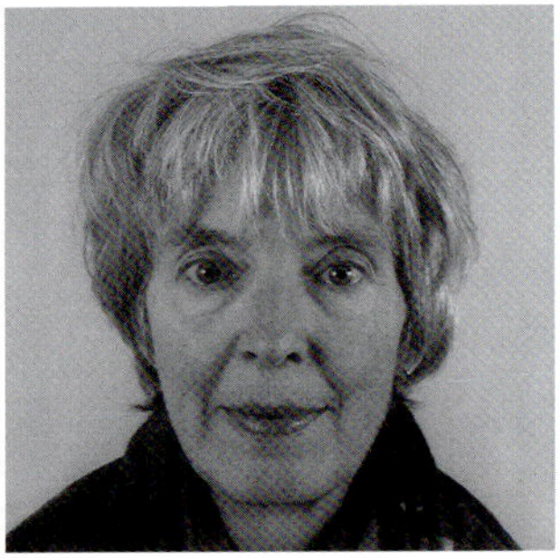

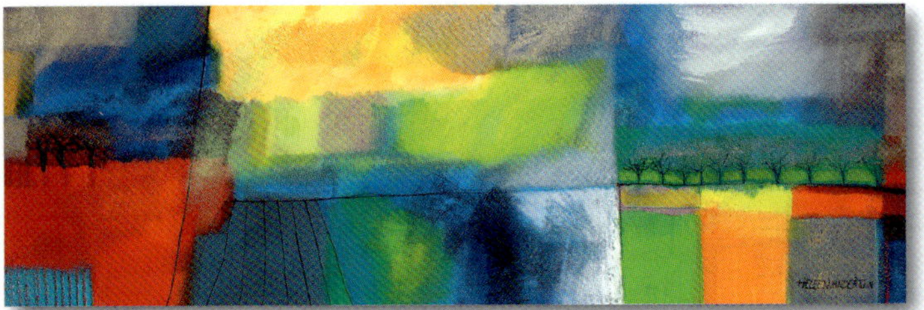

Countryside

50852 .../30 - Canvas 40x120 cm

Het werk van de Groningse kunstenares Heleen van der Tuin valt op door gebruik van heldere en stralende kleuren. Haar abstracte werken zijn echte kleurbronnen, waarbij het licht-donker vaak een bijzondere plaatst inneemt.

Die Arbeit der Groninger Künstlerin Heleen van der Tuin wird durch einen hellen und strahlenden Farbgebrauch charakterisiert. Ihre abstrakten Bilder sind wahre Farbbrunnen, in denen das Spiel von hell-dunkel oft einen besonderen Platz einnimmt.

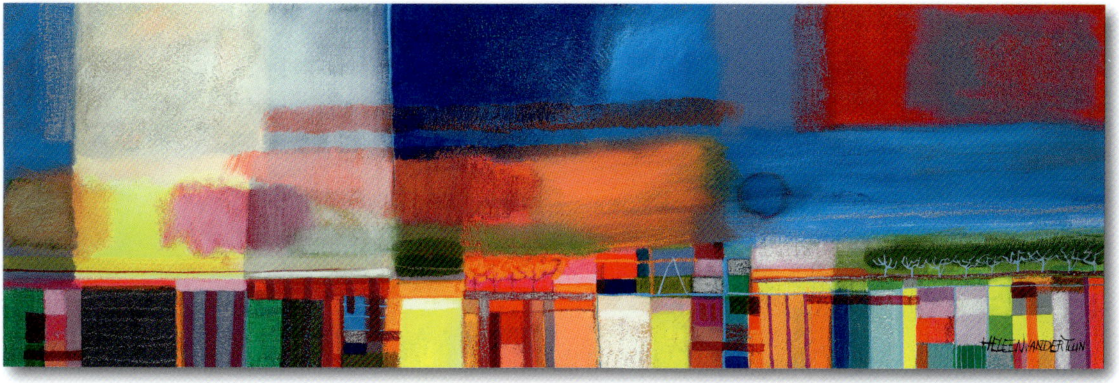

The Village
50850 ../30 Canvas 40x120 cm

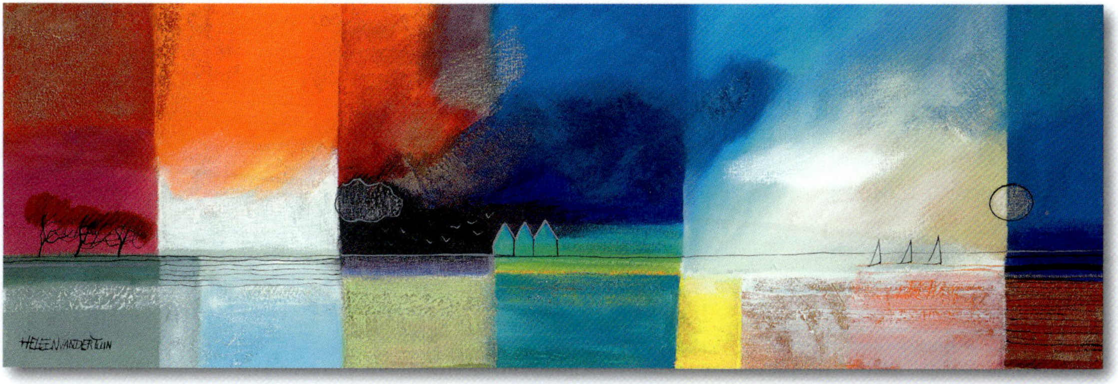

Leisure
50851 ../30 Canvas 40x120 cm

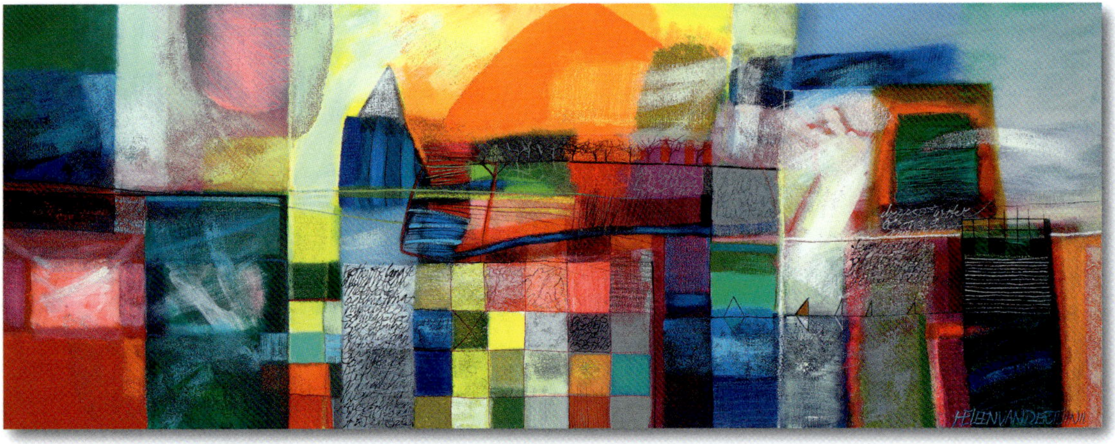

Sunrise

50966 .../30 - Canvas 70x180 cm

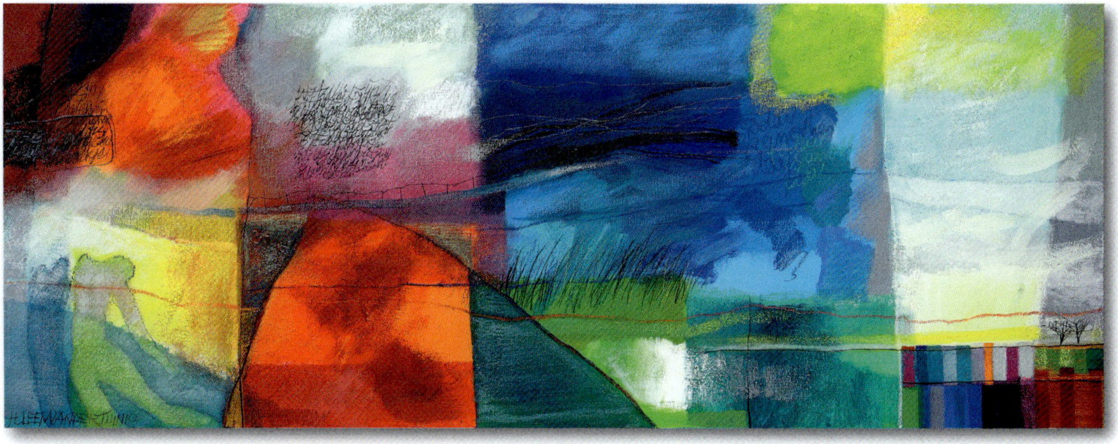

Landscape

50965 .../30 - Canvas 70x180 cm

Frans van Veen, 1950

For me it is essential to absorb the landscape in the field, in the open air. My large pastel-drawings are done 'sur le motif' as Paul Cézanne said. I give expression to the pulsing energies which I sense around me. I want my crayons to flow over the paper just as light flows over the landscape.

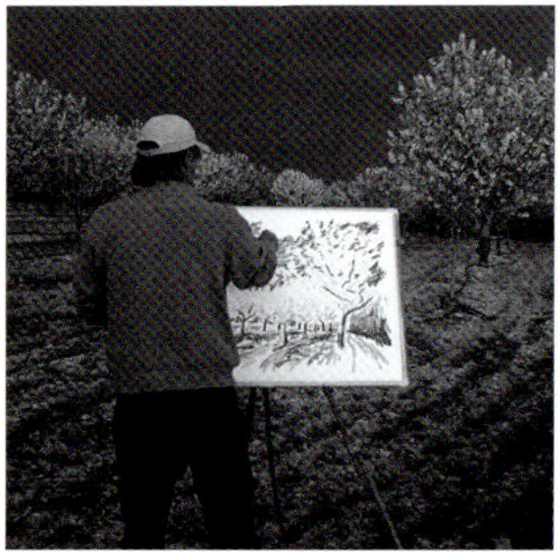

Het is essentieel voor mij om het landschap in de openlucht te kunnen opnemen. Mijn grote pastel's maak ik 'sur le motif' zoals Paul Cézanne het noemde. Ik kan dan expressie geven aan de energie die ik rond me ervaar. Mijn krijt laat ik dan over het papier stijken net zoals het licht over het de velden strijkt.

Für mich ist es essentiell um in der freien Natur zu arbeiten. Meine großen Pastelle werden „sur le motif" gemacht, wie Cézanne sagte. Ich verbildliche den Energiestrom in dem ich mich befinde. So wie das Licht über die Landschaft fließt, so möchte ich die Kreide mit einer kräftigen Handschrift über das Papier fließen lassen.

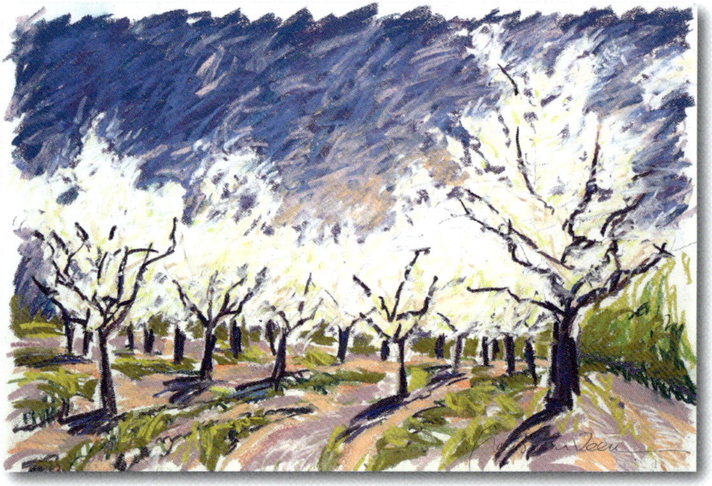

L' Orage en Printemps

50920 .../25 -Watercolour paper 50x74 cm

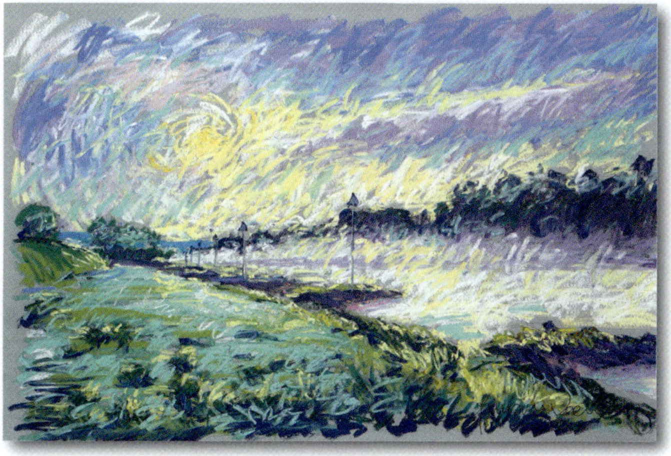

Dawn at Veessen
50918 ../25 Watercolour paper 50x74 cm

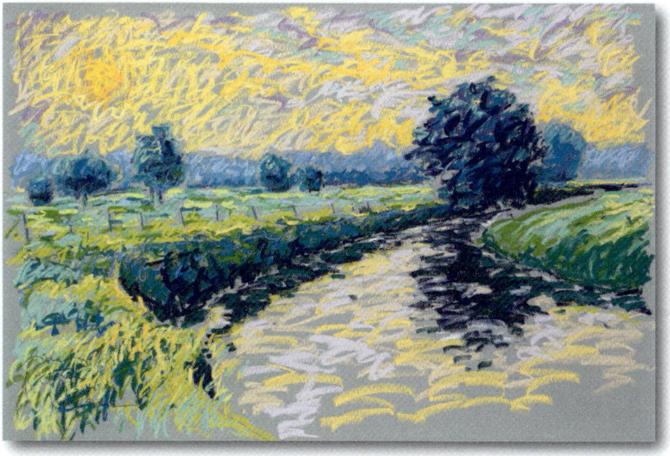

River De Roer near Melick
50919 ../25 Watercolour paper 50x74 cm

Hans Versfelt, 1968

This weekend I painted on the beach. Saturday was very windy. The rough sea is beautiful to see but the wind makes it difficult to capture it: twice the painting landed in the sand. The next day the weather was suddenly very friendly and the beach was crowded with people walking and children playing.

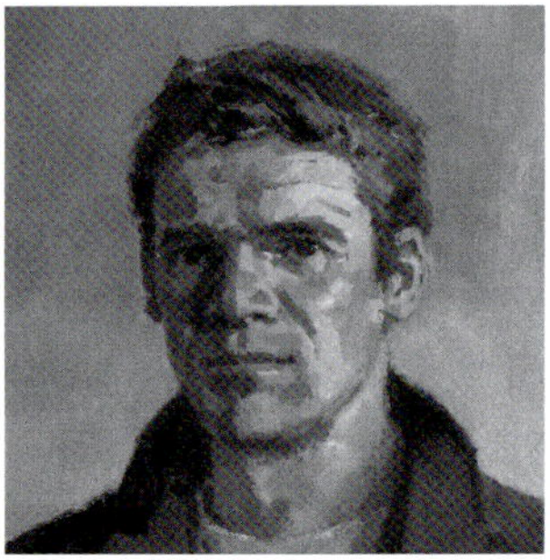

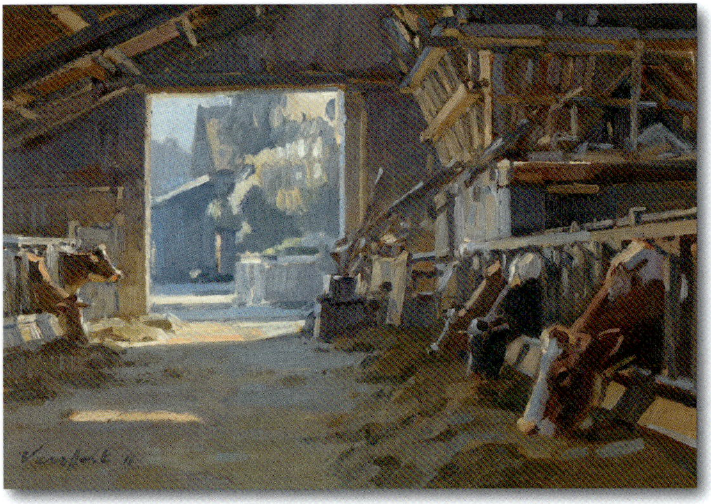

Cows in sunlit barn

50922 .../25 - Canvas 35x50 cm

Dit weekeinde heb ik aan het strand geschilderd. Zaterdag stond er erg veel wind. De ruige zee is mooi om te zien maar de harde wind maakt het lastig om het vast te leggen: het schilderij is twee keer in het zand beland. De volgende dag was het weer plots vriendelijk en werd het strand bevolkt met wandelende mensen en spelend grut.

Dieses Wochenende habe ich am Strand gemalt. Samstag war es sehr windig. Die raue See ist schön anzusehen, doch der stürmische Wind macht es schwer sie einzufangen: Das Bild ist zwei Mal im Sand gelandet. Am nächsten Tag war es plötzlich freundlich und der Strand war voller spazierender Menschen und spielender Kinder.

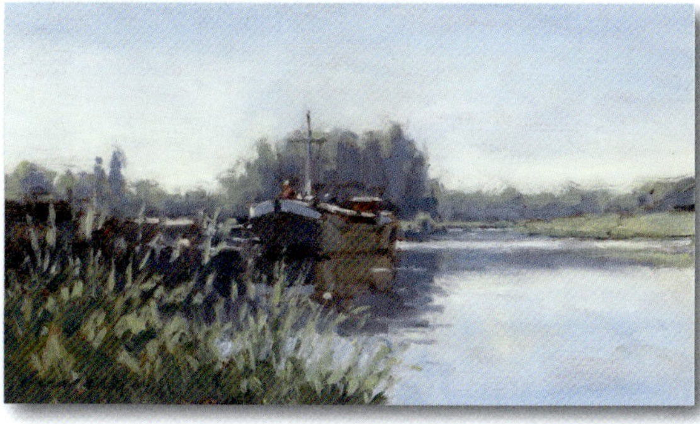

Freighter
50924 ../25 Canvas 35x60 cm

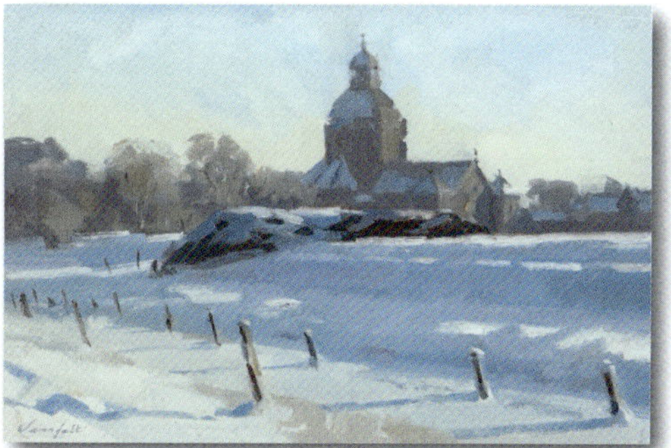

Snow landscape with church
50925 ../25 Canvas 35x50 cm

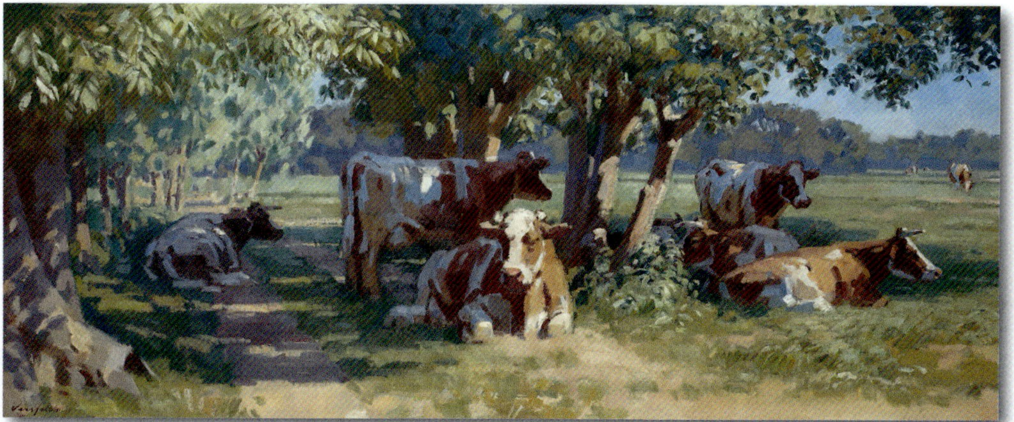

Cows in the shade
50926 ../40 Canvas 50x120 cm

Eric De Vree, 1966

Eric De Vree prefers still lifes and trompe l'œil. He regularly chooses worn materials for his compositions, as he enjoys the challenge of capturing dusty glass, paper and rusty metal in paint. In recent years he has increasingly chosen subject matter from his direct surroundings.

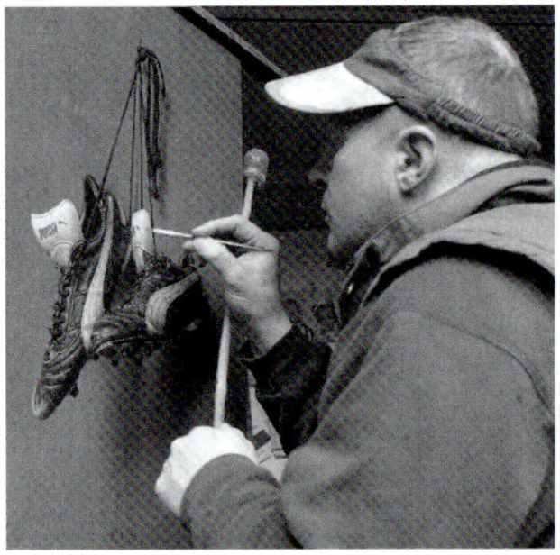

Stillevens en trompe l'œil genieten hoofdzakelijk De Vree zijn voorkeur. In de composities kiest hij meermaals voor sleetse voorwerpen, omdat het een uitdaging en plezier geeft om de gekozen materie in verf te 'vangen'.

Eric De Vree malt bevorzugt Stillleben und Trompe-l'œil. In seinen Kompositionen findet man regelmäßig abgenutzte und gebrauchte Gegenstände, denn er mag es sich der Herausforderung zu stellen, die ausgewählten Materialien mit Farbe einzufangen.

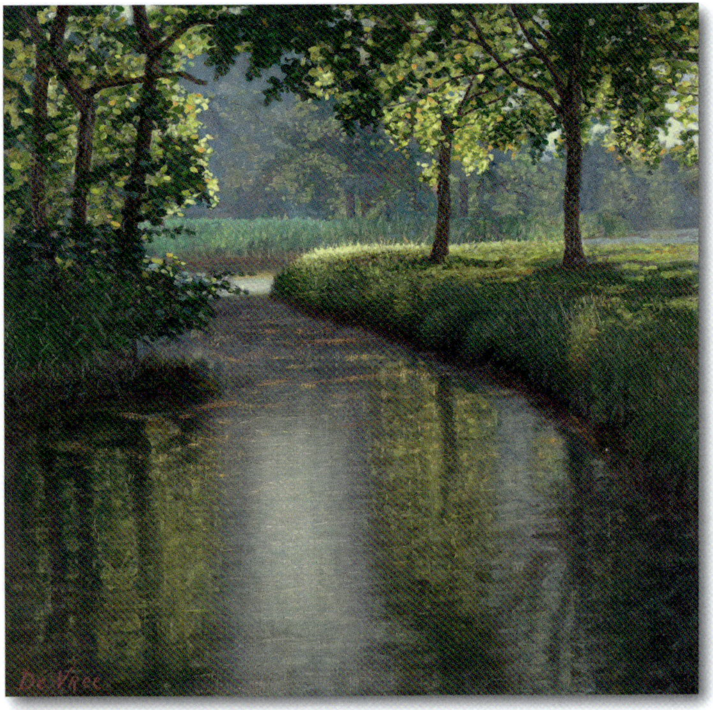

The Reigersbos Fen

50987 .../25 - Canvas 60x60 cm

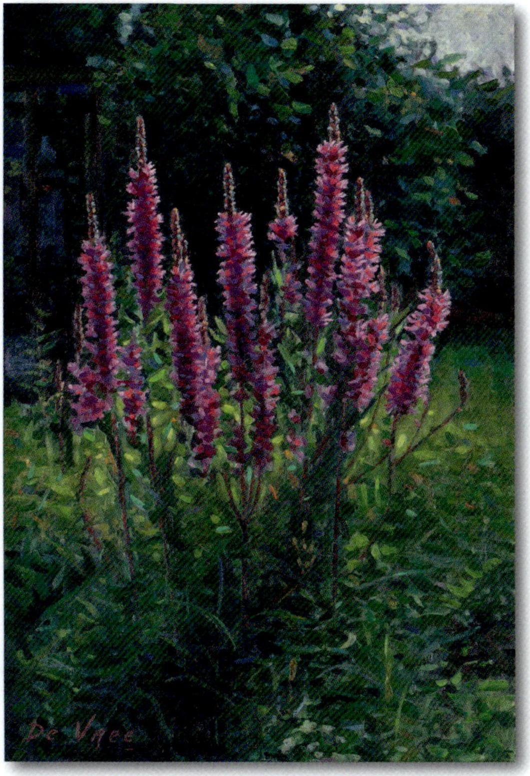

Purple loosestrife
50989 ../25 Canvas 60x40 cm

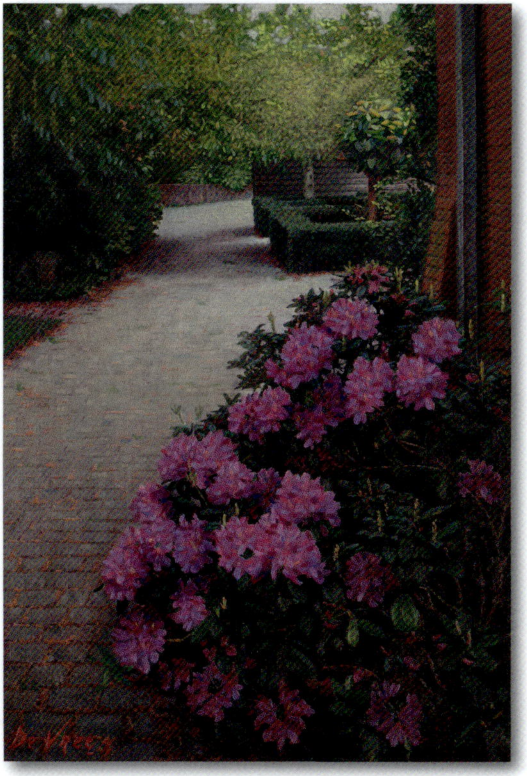

Garden path
50988 ../25 Canvas 60x40 cm

Dorry van de Winkel, 1957

Dorry van de Winkel constructs her paintings in an instinctive manner, beginning with washes of colour, and then later 'injecting' form. She has a rich gamut of colours and her subjects are generally still lifes, interiors and portraits.

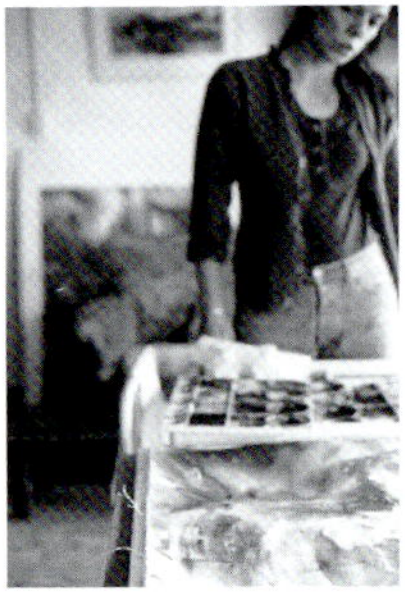

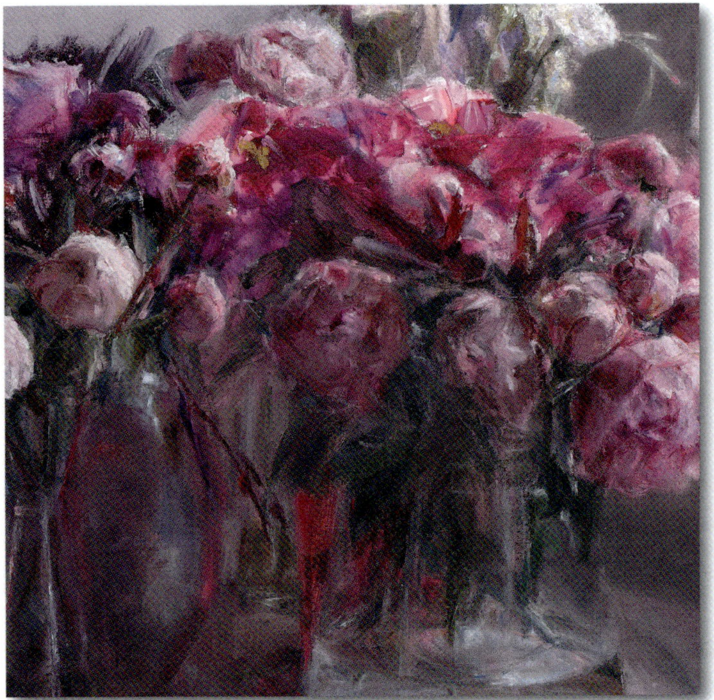

Peonies

50875 .../40 - Canvas 60x75 cm

Dorry van de Winkel bouwt haar aquarellen heel gevoelsmatig op. Ze begint met kleurvakken en "douwt" er dan als het ware een vorm in. Zij heeft een rijk kleurengamma en haar onderwerpen zijn vooral stillevens, interieurs en portretten.

Dorry van de Winkel baut ihre Aquarelle instinktiv und nach Gefühl auf. Sie beginnt mit Farbfeldern und gleichsam „injiziert" sie Formen. Die Künsterlin hat eine reiche Farbpalette und ihre Themen umfassen vorallem Stilleben, Innenansichten und Porträts.

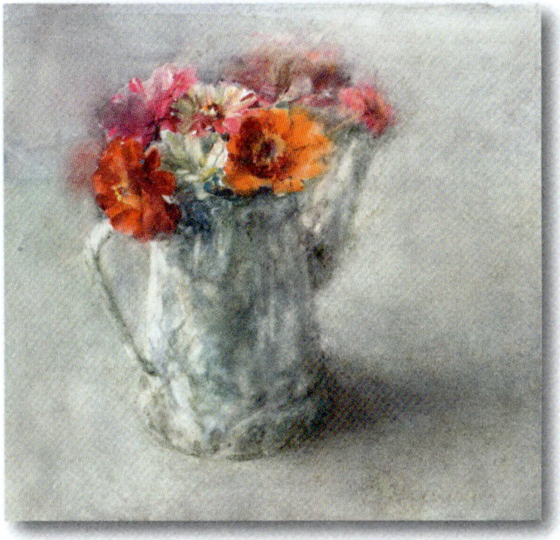

Zinneas

51012 ../60 Watercolour paper 39x40 cm

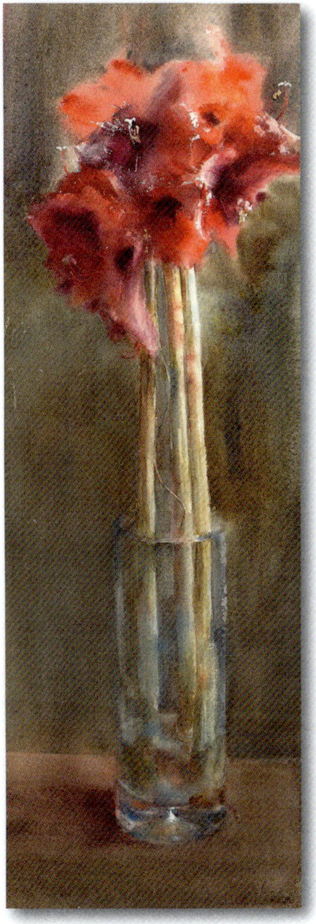

Amaryllis

50876 ../60 Watercolour paper 56x18 cm

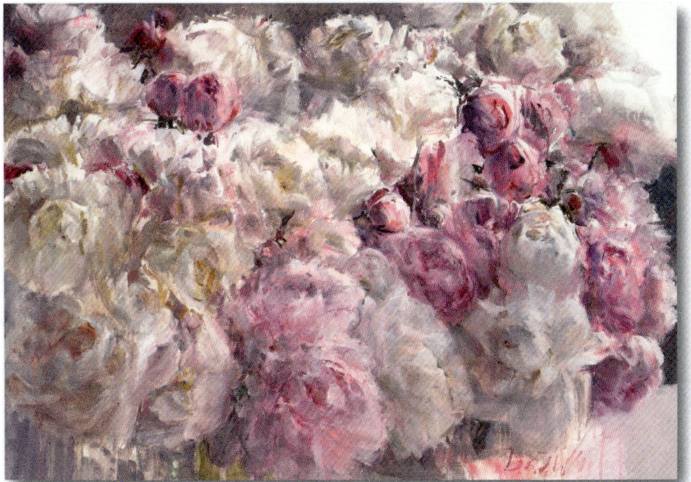

Peonies

51011 ../40 Canvas 60x85 cm

Juane Xue, 1962

Figurative artist Juane Xue comes from China. She has a unique style based on a combination of Eastern tonality and Western colours. With each painting it is her aim to express her own artistic experience by her use of light and shadow. Her special technique creates remarkable space and depth and a glowing world of colour.

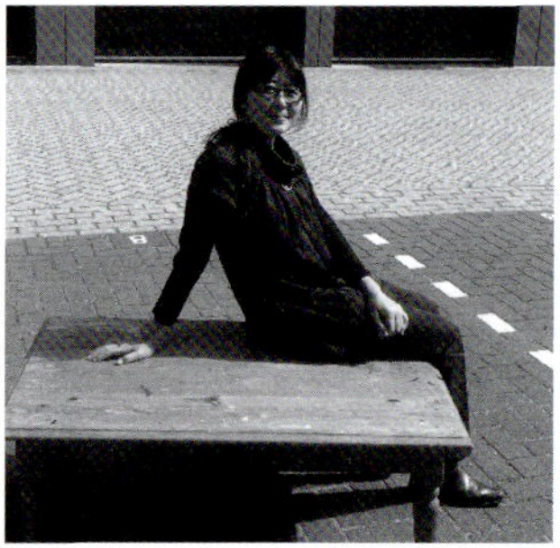

Juane Xue heeft een unieke stijl die zowel gebaseerd is op Oosterse tonaliteit als Westerse kleuren. Bij elk schilderij draait het erom door middel van licht en schaduw haar kunstzinnige ervaring uit te drukken. Zij hanteert haar eigen kleurtechnieken om een bijzondere ruimte, diepte en een stralende kleurenwereld te creëren.

Xue hat einen einzigartigen Stil, welcher auf östlicher Tonalität und westlichem Farbgebrauch basiert ist. Bei jedem Gemälde geht es darum, durch Licht und Schatten ihre Erfahrung auszudrücken. Sie gebraucht ihre eigene Farbtechnik um eine besondere Räumlichkeit, Tiefe und strahlende Farbwelt zu erschaffen.

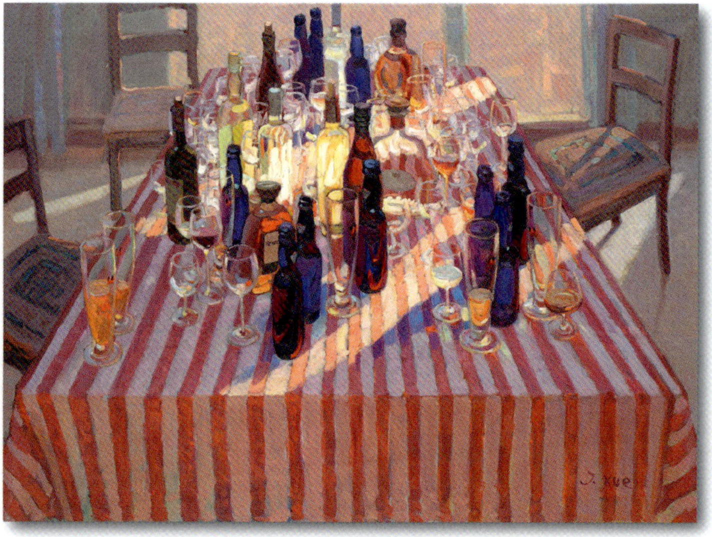

Cheers

51033 .../40 - Canvas 90x120 cm

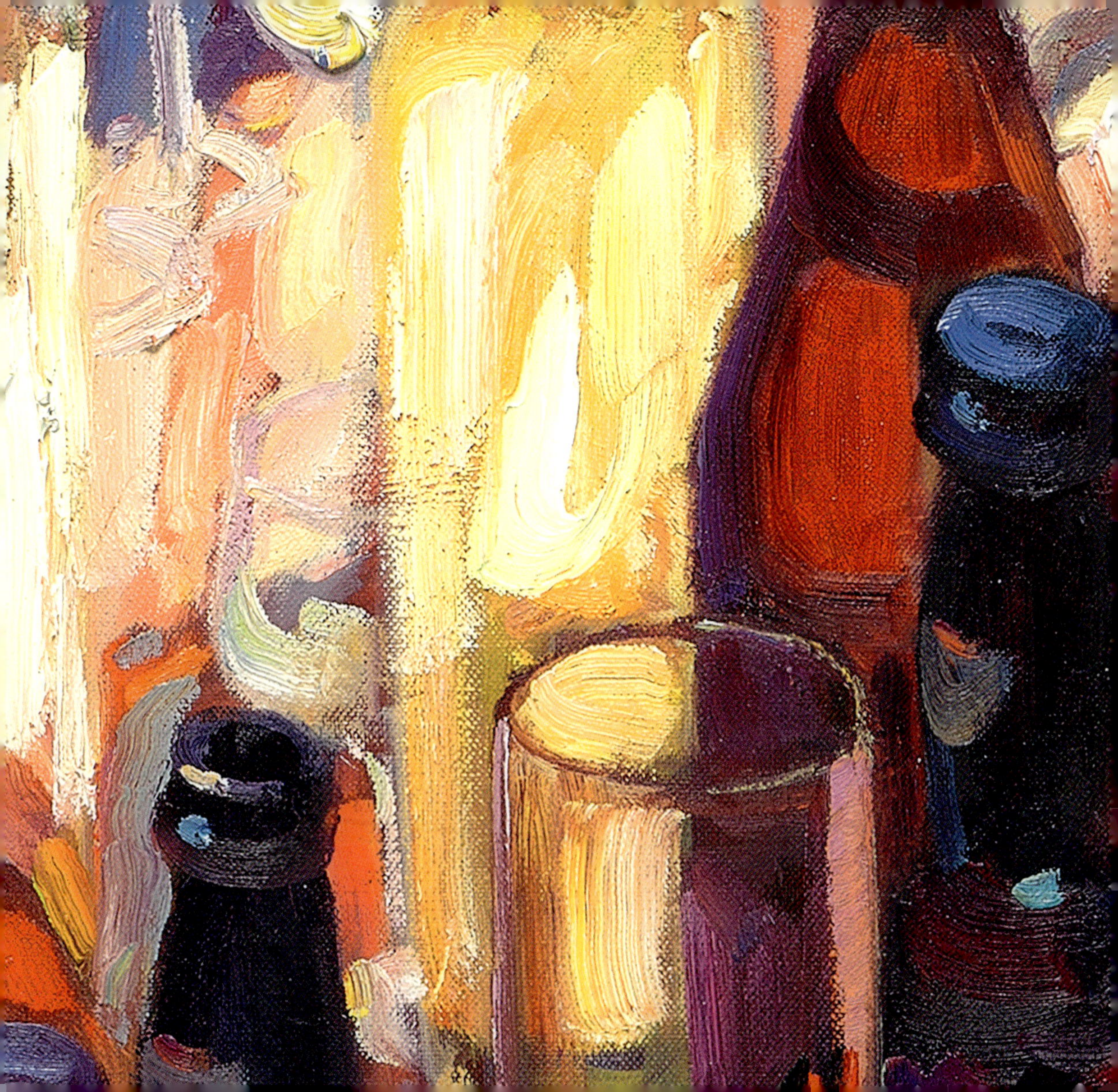

Giclée

Only the original may be better

Artists want to address a wider audience with their artworks than just those, who purchase the original. Which makes sense. To achieve this, it is needless to say that they choose a method of reproduction, which optimally captures the genuine feeling of the original work of art. A Giclée can do this, because it is a reproduction, merely distinguishable from the original, except that it is more affordable. Giclées are the perfect alternative for an original artwork.

75 years colourfast

Art Revisited produces Giclées as limited editions on canvas, fine art paper or watercolour paper. By using lightfast pigments, faithful, long-lasting colours can be guaranteed for at least 75 years under normal conditions. Every Art Revisited Giclée is delivered with a certificate of authenticity.

Framing

The Giclée can be framed without glass. Cleaning with a dry duster is not a problem. Protection is guaranteed by a professionally applied layer of varnish or an acrylic medium.

Giclée

Alleen het origineel is misschien mooier

Kunstenaars willen met hun kunst meer mensen bereiken dan alleen diegenen die hun originele werk kopen. Logisch. Ze kiezen daarbij natuurlijk voor een reproductiemethode die het oorspronkelijke gevoel van het origineel optimaal overbrengt. Met een Giclée kan dat. Want een Giclée vormt een kunstreproductie die in bijna niets onderdoet voor het origineel. Behalve dan dat ze een stuk betaalbaarder is. Giclée's vormen dan ook het perfecte alternatief voor een origineel kunstwerk.

75 jaar kleurecht

Art Revisited maakt Giclée's in een beperkte oplage, op canvas, fine art paper of watercolour paper. Door het gebruik van echte pigmenten behoudt de Giclée zijn kleur onder gemiddelde omstandigheden maar liefst 75 jaar. Iedere Art Revisited Giclée wordt geleverd met een gesigneerd certificaat van echtheid.

Inlijsten

De Giclée kan zonder glas worden ingelijst. Gewoon droog afstoffen is dan geen probleem. Een door de vakman aan te brengen vernis of medium voor acrylverf biedt bescherming.

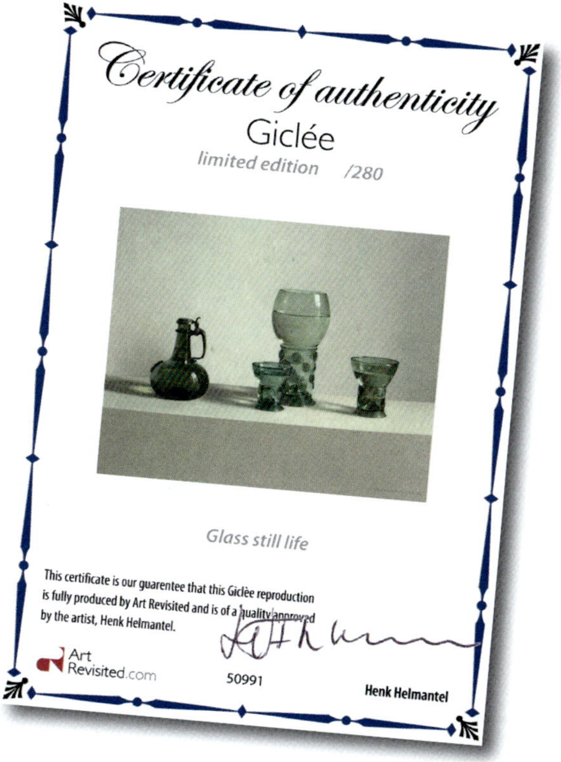

Giclée

Nur das Original ist vielleicht schöner

Künstler wollen verständlicherweise mit ihren Kunstwerken mehr Menschen erreichen, als nur diejenigen, die ihre Orginalarbeiten kaufen. Und natürlich wählen sie dazu eine Reproduktionstechnik aus, die das ursprüngliche Gefühl des Gemäldes optimal wiedergibt. Ein Giclée ermöglicht genau das, denn es ist eine Reproduktion die beinahe nicht vom Original zu unterscheiden ist, außer im Preis. Giclées sind deshalb die perfekte Alternative zu einem originalen Kunstwerk.

75 Jahre farbecht

Art Revisited produziert Giclées in begrenzten Auflagen auf Leinwand, Fine-Art-Papier oder Watercolour-Papier. Durch die Verwendung von echten Pigmenten behält ein Giclée seine Farbe unter normalen Bedingungen gut und gerne 75 Jahre. Jedes Art Revisited Giclée wird mit einem vom Künstler unterschriebenen Echtheitszertifikat geliefert.

Rahmung

Ein Giclée kann glaslos gerahmt werden, es kann dann ohne Probleme trocken abgestaubt werden. Eine vom Fachmann aufzubringende Lage Firnis oder Acrylfarbmedium bietet der Oberfläche extra Schutz.

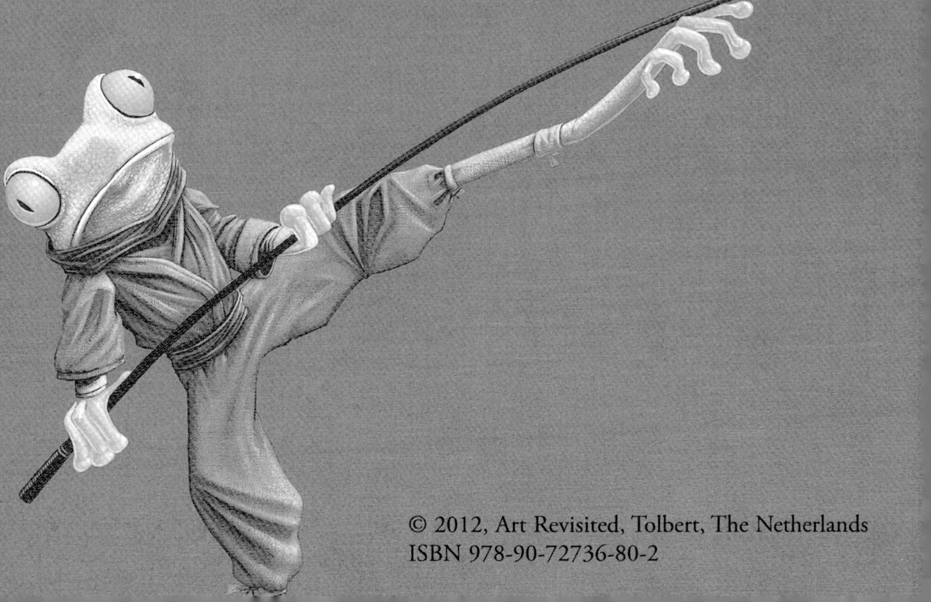

ISBN 978-90-72736-80-2